10
18

12, AVENUE D'ITALIE. PARIS XIIIe

Sur l'auteur

Jørn Riel est né en 1931 au Danemark. En 1950, il s'engage dans les expéditions du Dr Lauge Koch pour le nord-est du Groenland et y reste seize ans. Il en rapporte une bonne vingtaine d'ouvrages parmi lesquels la série des « Racontars arctiques », et des trilogies : *La Maison de mes pères* et *Le Chant pour celui qui désire vivre*. Après un détour chez les Papous dans *La Faille*, Jørn Riel est revenu au Groenland avec *Le Canon de Lasselille*, *La Circulaire* et une nouvelle trilogie, *Le Garçon qui voulait devenir un être humain* (Éditions Gaïa, 2002). Son dernier recueil de nouvelles, *Le naufrage de la Vesle Mari* et *autres racontars*, a paru aux Éditions Gaïa en 2009. Jørn Riel a reçu le Grand Prix de l'Académie danoise en 2010. Il vit aujourd'hui en Malaisie.

JØRN RIEL

HEQ

Le chant pour celui qui désire vivre

tome I

Traduit du danois
par Inès Jorgensen

10
18

GAÏA ÉDITIONS

Ouvrage précédemment paru
dans la collection « Domaine Étranger »
créée par Jean-Claude Zylberstein

Titre original :
Sangen for livet

ISBN 978-2-264-03043-6

Prologue

« Ils avaient marché pendant des jours et des jours. A la poursuite du gros gibier, ils avaient traversé des terres fertiles, vertes et sans glace. Tout au fond, à l'horizon, se dessinait une ligne sombre et prometteuse, leur indiquant que là-bas aussi, à l'est, le pays était libre de glaces.

Les plus âgés du groupe, qui redoutaient ce paysage désert et sauvage, avaient recommandé la prudence. Toute leur vie, ils avaient vécu au bord de l'inlandsis et auraient préféré revenir vers les contrées familières et aimées. Mais les jeunes refusèrent d'écouter. Ils avaient vu les traces de ces bisons géants et de ces mammouths qui avaient depuis longtemps disparu de l'ancien territoire de la tribu, et une grande soif de sang s'était emparée d'eux.

Un jour, les jeunes chasseurs se détachèrent du groupe qui n'avançait que lentement, retardé par l'équipement, les femmes et les enfants. Obstinément, ils poursuivirent les traces qui se dessinaient nettement dans l'herbe drue et verte. N'étant plus freinés que par leurs lourdes lances, ils pénétrèrent rapidement dans un pays inconnu.

Un matin, au lever du jour, ils aperçurent le gibier. Virent les silhouettes des immenses mammouths contre l'incendie du soleil levant et, riant de joie, ils brandirent leurs lances vers le bleu éclatant du ciel. Ils virent également d'autres animaux qui paissaient sur la plaine, à l'est du pont de terre qu'ils venaient de franchir. Ils se sentirent heureux, parce qu'ils étaient arrivés dans un bon pays, un nouveau pays qui, vingt mille ans plus tard, allait être appelé l'Amérique. »

C'est à peu près ainsi que dut se dérouler la découverte de l'Amérique. Des chasseurs qui, il y a plus de vingt mille ans, suivirent le gibier sur le pont reliant alors la Sibérie et l'Amérique. Ils atteignirent le pays que plus tard on nomma la Béringie, une terre paradisiaque et verte, enserrée entre les masses de glace de l'ère glaciaire du Wisconsin, et découvrirent en chassant une nouvelle partie inconnue du monde. Un pays si grand que presque vingt mille ans allaient s'écouler à nouveau avant que les bottes d'un Américain ne se posent sur la poussière d'un territoire aussi grand, pour prendre possession d'une nouvelle planète : la Lune.

Le pont de terre entre l'Asie et l'Amérique apparut lors d'une baisse du niveau des mers d'environ cent mètres et, comme les chutes de pluie étaient faibles dans cette partie de l'Arctique, le pont ainsi que l'Alaska et le nord du Yukon échappèrent à la glaciation qui toucha tout le reste du Canada et de grandes parties de l'Amérique. Cette région libre de glace fut un refuge pour beaucoup d'émigrants asiatiques : mammouths, tigres à dents de sabre, bisons géants, chevaux, bœufs musqués, ours et loups. Et les hommes suivirent les animaux. Ces proto-américanoïdes s'établirent d'abord dans les zones libres, cernées au nord, au sud et à l'est par d'énormes masses de glace. Plus tard, il y a environ onze mille ans, lorsqu'une large brèche s'ouvrit dans la glace le long des montagnes Rocheuses, de l'Alaska jusqu'aux Grands Lacs américains, ils descendirent progressivement vers le sud et un monde nouveau, jusqu'à ce que, au bout de quelques milliers d'années, le pays soit peuplé du bassin hyperboréen à la pointe sud de la Patagonie.

C'est de certains descendants de ces premiers Américains que parle ce livre. De chasseurs qui, il y a mille ans, quittèrent le fleuve Mackenzie, cette porte vers l'Arctique qui pendant des siècles avait été ouverte aux émigrants montant vers le nord. Comme l'avaient fait avant eux leurs ancêtres, ces chasseurs poursuivirent le gibier à travers un pays inconnu, un pays glacé soumis à de terribles tempêtes et relégué dans l'obscurité pendant la moitié de l'année. Aux environs de l'an mille, ce rude peuple franchit l'actuel détroit de Smith, au nord de Thulé, et prit ainsi possession de la plus grande île du monde. Kalaalit Nunaat : ainsi appellent-ils aujourd'hui cette partie nord du continent américain qui fut peuplée en dernier. Le pays des hommes.

Ce livre est dédié aux descendants de ces chasseurs irréductibles.

Jørn Riel,
Qaerssormiunit, 1983.

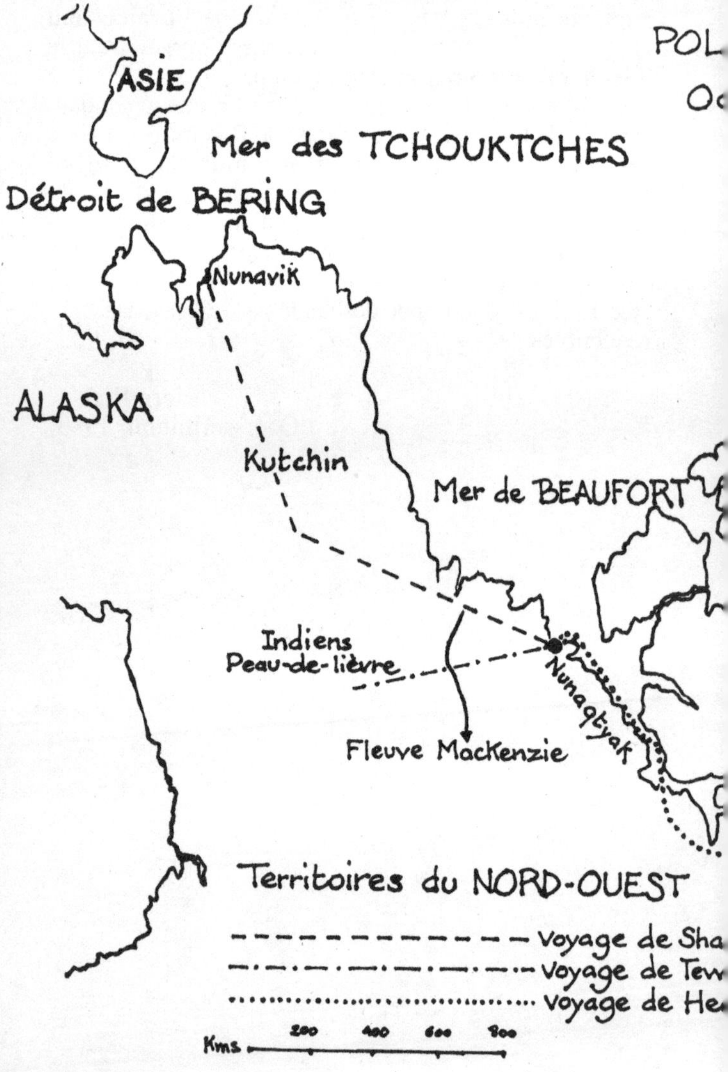
ASIE
Mer des TCHOUKTCHES
Détroit de BERING
Nunavik
ALASKA
Kutchin
Mer de BEAUFORT
Indiens
Peau-de-lièvre
Nunaqtyak
Fleuve Mackenzie
Territoires du NORD-OUEST
voyage de Sha
voyage de Tew
voyage de He
Kms.
200
400
600
800

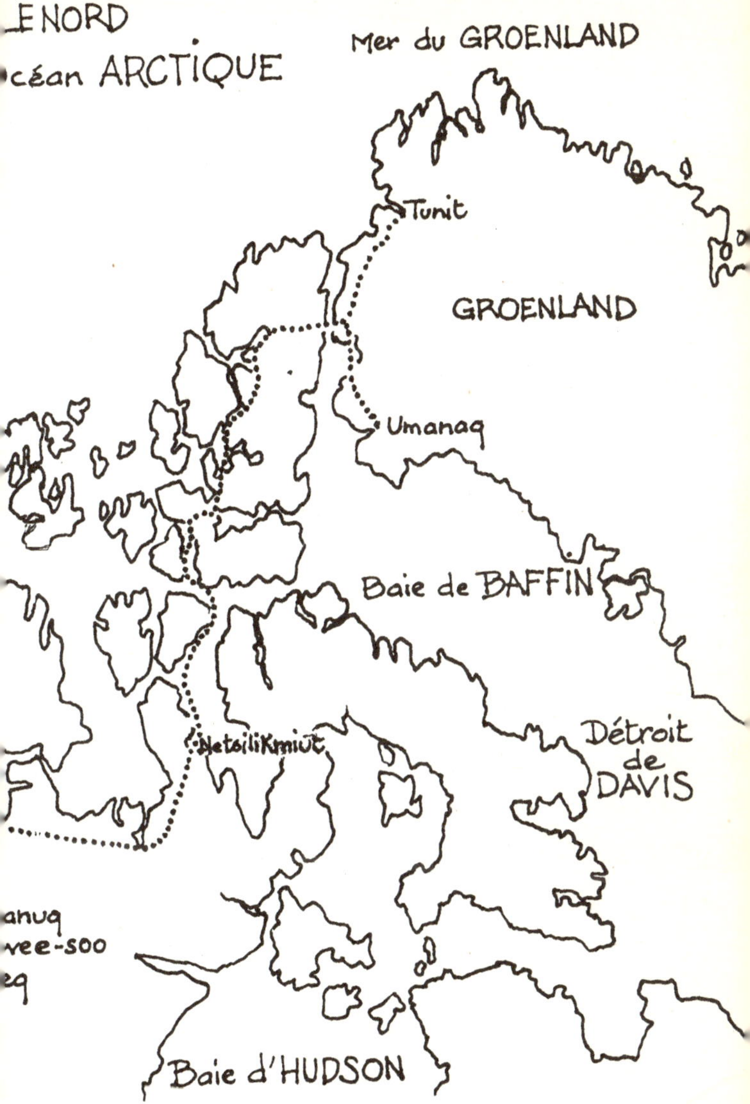

LE NORD
céan ARCTIQUE
Mer du GROENLAND
Tunit
GROENLAND
Umanaq
Baie de BAFFIN
Netsilikmiut
Détroit
de
DAVIS
anuq
vee-soo
Baie d'HUDSON

HEQ

« ... Hélas, dit-elle, ces chants magiques étaient si pauvres et si insignifiants, une suite de mots dénués de sens. Mais qu'est-ce que cela pouvait faire ? De toute façon, nous autres hommes, nous comprenons si peu la grandeur que l'on rencontre en arrivant dans ces contrées, où l'on est seul avec le monde silencieux. »

C'était là son explication et son excuse. Et tandis que, possédée comme une prêtresse païenne, elle marmonnait les chants de sa bouche édentée, je l'écoutais, allongé à côté d'elle dans ma couverture de peau.

Voici le chant pour la vie, le chant pour celui qui désire vivre.

Le jour se lève
de son sommeil.
Le jour se réveille
avec la lumière de l'aube.
Toi aussi, il faut te lever,
toi aussi, il faut te réveiller
avec le jour qui vient.

Chuchotante et lointaine dans son extase, elle murmurait pour moi ces mots qui s'imprégnèrent en feu dans ma conscience.

Raconté à Knud Rasmussen
par l'Inuit polaire Simigaq.

1

Il y avait dans l'air cristallin des longues journées de fin d'automne un calme bienfaisant. Les excitantes chasses au caribou avaient pris fin et les dépôts étaient pleins. La construction des maisons d'hiver s'achevait et les gens allaient et venaient, comme s'ils attendaient quelque chose de particulier.

A nouveau, le soir venu, l'obscurité envahissait le pays, apportant un doux repos après les longues nuits claires. L'automne, pensait Shanuq, était comme une grasse jeune fille qui s'offre en souriant, sereine et pleine de douceur.

Mais il pouvait aussi y avoir des journées d'irréalité grise, et celles-là étaient un peu effrayantes. C'était lorsque l'hiver affrontait l'été en une lutte de pouvoir qui s'élevait comme un brouillard de la mer, une grisaille mouillée dont le chuintement rauque parlait d'un lointain passé. Il était alors possible aux voyants d'apercevoir le pays englouti depuis longtemps par la mer. Le pays qui, au temps des ancêtres, avait été entièrement recouvert de glaces, sauf pour une large bordure de montagnes. Par ce pont de terre reliant l'ancien monde à un nouveau, les premiers hommes étaient arrivés à la suite des animaux. En ce temps-là, les plus vieux étaient jeunes et habités par l'impatience du voyage.

Cela, Shanuq le savait, parce qu'elle avait été l'esclave des Kutchin*, un peuple qui consignait certaines

* Les termes introduits par un astérique renvoient au lexique en fin de volume, pages 187-191.

inscriptions sur l'écorce des bouleaux. D'étranges signes évocateurs, que son maître Shapokee lui avait montrés avant de mourir. Certains ressemblaient à des hommes et à des animaux, d'autres représentaient les pays situés des deux côtés d'une crête montagneuse. Ces inscriptions, lui avait raconté Shapokee, dataient du temps où hommes et animaux vivaient dans l'entente. Ils savaient emprunter l'apparence les uns des autres, parler la langue les uns des autres. Les Itqiliit*, ces Hommes-Chiens* dont faisait partie Shapokee, appelaient ces inscriptions *Walem Olum**, mots de grande force. Peut-être ces *Walem Olum* avaient-ils été parmi les premiers mots magiques, *erinaliuutut**, mots si puissants qu'ils entraînaient la mort de celui qu'ils frappaient. Mots magiques qui, même en ces temps lointains, pouvaient provoquer l'obscurité ou la lumière. Car tout au début régnait la nuit, parce que le renard connaissait le mot *taaq-taaq** et souhaitait l'obscurité pour ses chasses nocturnes. Il faisait si noir, en ce temps-là, que les chasseurs devaient tremper un doigt dans l'eau pour le rendre phosphorescent, quand ils quittaient la maison. Mais ensuite il arriva que le lièvre prit possession d'un mot aussi puissant, *ubloq-ubloq**. Et lorsqu'il le jeta dans le noir pour trouver sa nourriture, la lumière se fit, et la nuit se sépara du jour. C'est ainsi que cela s'était passé, Shanuq le savait. Les ancêtres l'avaient raconté et c'est pour cela que c'était vrai.

Lorsque Shanuq marchait le long de la plage pour ramasser des algues comestibles et du bois flotté pour le feu, il lui arrivait de fixer le brouillard pour entrevoir le pays disparu. Et tandis qu'elle le fixait, une nostalgie incompréhensible l'envahissait, et elle se souvenait de son père. Alors lui venait un sentiment de joie et de grande insouciance. Elle le sentait très proche, peut-être parce qu'elle avait fait revivre l'âme de son nom dans son premier enfant.

Plus elle vieillissait, plus ses pensées revenaient fréquemment vers ce qui avait été. Et même si elle savait ces souvenirs aussi inutiles et encombrants que les idées que l'on se fait sur l'avenir, elle ressentait le besoin de regarder en arrière et de se remémorer. Souvent les souvenirs étaient pleins de saveur et venaient à vous sans que vous ayez le moindre effort à faire.

Cependant, comme pour excuser cette mauvaise habitude, elle donnait parfois voix à ses pensées en parlant à ses enfants des temps révolus. De ce qu'elle-même avait vécu et de ce que lui avait raconté son père. Elle racontait *Walem Olum*, la plus grande des sagas de la migration restées vivantes parmi les hommes. Et elle parlait de lointains parents, partis là où l'année se divise en une nuit et un jour, et dont on n'avait plus jamais entendu parler. Ainsi Shanuq se débarrassait-elle de ses pensées inopportunes, tout en assurant l'histoire de sa famille. Ses enfants retiendraient ses mots pour un jour pouvoir eux-mêmes les transmettre.

A présent, Shanuq était vieille et sans grande compréhension des temps nouveaux. La vie avait été si changeante, si pleine d'années et d'événements qu'elle en était étourdie lorsque les souvenirs se pressaient. Parfois il lui fallait faire un violent effort quand plusieurs souvenirs s'imposaient en même temps. C'était comme si elle n'était capable de s'occuper que d'une seule pensée à la fois. Une pensée qu'il fallait extraire avec grande précaution, comme lorsqu'on détache les tendons du dos d'un caribou pour en faire du fil à coudre.

Aussi nombreuses qu'aient été les années, jamais le souvenir de son père n'avait pâli. Elle s'en souvenait toujours comme d'un vieil homme, peut-être parce qu'elle était si jeune quand il avait trouvé la mort. Et peut-être était-ce la raison pour laquelle la vieillesse baignait pour elle dans une lumière sereine, contrairement aux femmes du camp qui vieillissaient avec beaucoup d'inquiétude. Car il avait été serein, son père. Heq, le célèbre chaman qui fréquentait Nuam-Shua*, la toute-puissante force magique qui réside en toute chose. Les hommes d'aujourd'hui utilisaient un mot d'emprunt pour nommer cette force, *silarssuaq**, un mot que Shanuq n'aimait pas. Un tel mot était une insulte à Nuam-

Shua. Il ne fallait pas changer les mots, pensait-elle. On pouvait changer bien des choses, mais pas les mots. Car les mots, parce qu'ils avaient été donnés aux hommes par les esprits, contenaient à la fois magie et sorcellerie. Heq avait parlé la langue des hommes telle qu'elle avait été parlée depuis l'origine de tout. Il avait été très riche en mots, un grand conteur, et il possédait aussi de terribles mots magiques. Il avait été l'intime de Pikna*, « Celui là-haut », qui pouvait conduire un homme à sa perte si c'était souhaitable.

Shanuq pensait toujours avec chaleur et émotion à ses premières années. Elle n'avait que rarement souffert de la faim, son père ayant plus d'adresse et de chance qu'aucun autre chasseur. Il pouvait épuiser un lièvre à la course sur la toundra et avoir encore assez de souffle pour rire à haute voix quand il l'achevait d'un seul coup de poing. Et plus d'une fois, il avait tué des ours bruns à la massue. Il était connu au loin pour sa force et ses compétences, et même les Hommes-Chiens des forêts le craignaient, le haïssaient et souhaitaient ardemment sa mort.

La mort de Heq changea tout. Il mourut l'été où Shanuq eut ses premiers saignements ; ce jour-là sa mère l'avait menée à la plage où elle devait, en courant, faire cinq fois le tour du feu allumé pour elle.

C'était l'année dont on se souvint longtemps à cause des grands troupeaux de caribous venus du nord. Jamais on n'avait vu autant d'animaux. Ils s'étaient rassemblés en un large fleuve gris-blanc qui se déversait de la toundra vers les forêts avec une sauvagerie qui emportait tout avec elle. Cette année-là, alors qu'elle était encore impure après son premier saignement, son père mourut.

A la suite des grands massacres de caribous, une violente ivresse de sang s'était emparée des Indiens. Ils ne pouvaient plus s'empêcher de tuer, ce qui était une fois pour toutes dans leur nature. Ils s'étaient regroupés en grandes bandes, Kutchin, Kawchodinne* et Thingchadinne*, montant vers le nord pour piller les dépôts de viande et de peaux des Inuit*. Irrésistibles comme les caribous, ils avançaient, laissant déserts derrière eux les habitats des hommes.

Même l'habitat de son père, près de Nunivak, avait été attaqué. Et même si les hommes, bien préparés, s'étaient défendus courageusement, ils n'avaient pu résister à tant de puissance.

A la fin du combat, un mur d'ennemis tués entourait la maison de son père. Au-dessus du tas gisaient ses deux frères aînés et Heq. Ils avaient des couteaux en dent de castor enfoncés dans le dos, entre les rondelles en dent de morse de leur cotte de combat. Tentant de fuir, Shanuq avait rampé au-dessus des corps sanglants et elle était parvenue à tuer un guerrier kutchin adulte avec la lance de son père avant d'être prise. Par la suite, ce meurtre lui valut des compliments de la part des Hommes-Chiens, qui la traitèrent bien parce qu'elle avait montré le courage que se devait d'avoir la fille du célèbre Heq. Son corps et son visage étaient couverts de blessures lorsque, avec d'autres femmes et quelques enfants, elle fut emmenée vers les forêts.

Ils voyagèrent pendant plusieurs sommeils avant d'atteindre le territoire des Nellagotinne*. Un pays éloigné à la fois de la mer et de la toundra, un pays montagneux traversé de fleuves et de lacs. Si boisé que ses yeux, habitués à voir loin, n'y virent longtemps que très mal. C'était une forêt sèche et brune, qui paraissait aussi infinie que la plaine côtière où elle avait vécu.

Tous les enfants étaient morts en route, soit pour avoir été tués par amusement par les guerriers, soit pour avoir contracté des blessures qui refusaient de guérir. Certaines femmes aussi moururent.

A l'arrivée dans le campement, Shanuq avait été emmenée devant le chef suprême des Nellagotinne, Shapokee. C'était un vieil homme maigre, au visage brûlé par le soleil et gercé comme une vieille peau de phoque. Lorsqu'on la poussa dans sa tente, l'angoisse fut la première réaction de Shanuq. Assis devant les braises du feu, avec deux autres chefs âgés, il avait longuement observé la fille du grand Heq de ses yeux noirs profondément enfoncés. Personne n'avait parlé. Seuls les crépitements du feu et un faible sifflement de bois humide interféraient avec la respiration de Shanuq — elle se rendit soudain compte, avec effroi, qu'elle était terriblement bruyante.

Lorsque Shapokee avait tendu la main vers elle, elle s'était approchée avec obéissance. Elle ne s'était pas non plus opposée aux tâtonnements de ses mains sur son corps car, bien qu'elle ne fût femme que depuis quelques jours, elle savait que les hommes, même aussi vieux que ce chef, convoitaient les femmes. Et que les femmes devaient s'accommoder de ce désir, souvent plus grand que la faim. Toute petite déjà, elle avait vu que des gens au bord de la famine, sur le point de mourir, conservaient encore l'envie de rire un peu ensemble.

Shapokee ne lui avait pas fait de mal. Mais il l'avait examinée avec soin. Avait ouvert sa bouche, vérifié que ses dents étaient au complet et sans défauts. Shanuq aurait souhaité avoir des dents abîmées, ce qui lui aurait sans doute coûté la vie. Mais elle avait de bonnes dents et le vieux avait hoché la tête avec satisfaction et, de l'index, lui avait refermé la bouche. Puis il avait soigneusement tâté ses seins et constaté que les mamelons seraient doux à la bouche d'un enfant. Lorsqu'il en eut terminé avec son corps, il la fixa encore longuement de ses yeux de vieillard, totalement inexpressifs. Une vague d'angoisse la traversa. Elle se sentit prise de vertige et reconnaissante lorsqu'un guerrier l'empoigna par le bras et l'emmena dans le tipi des femmes.

Cette angoisse inexplicable face à Shapokee ne dura pas longtemps. Il la traitait presque toujours avec gentillesse, même s'il pouvait sembler violent et brutal sur la couche. Mais cette impression venait peut-être de ce qu'elle n'avait pas l'habitude du désir des hommes, apparemment plus grand que celui des femmes, mais de plus courte durée. Heureusement, Shapokee était si vieux qu'il avait perdu l'envie de battre ses femmes. Et il pouvait arriver qu'une fois son désir satisfait, il l'autorise à rester avec lui la moitié de la nuit. Il lui enseignait alors patiemment les mœurs, les coutumes et la langue des Kutchin.

Shapokee avait beaucoup de possessions. C'était un grand chasseur de caribous et il possédait un nombre considérable de ces couloirs de pierres rangées qui mènent les caribous vers les lacs où on les achève, le plus souvent en les touchant aux reins afin que les bêtes mourantes puissent elles-mêmes regagner terre à la nage. Au cours des années, il avait également reçu bien des objets de valeur en contrepartie de plantes ou de guérisons par magie.

Si l'assemblée était nombreuse, il parlait peu. Comme s'il défendait une sagesse qu'il ne souhaitait pas partager avec d'autres. Ou peut-être savait-il que personne ne la comprendrait... Il était connu comme homme-médecine et savait soigner la plupart des maux. Et sa renommée allait loin, jusqu'au peuple Tatsanotinne* qui, de temps à autre, lui envoyait de grands cadeaux pour obtenir des conseils concernant des maladies difficiles.

Il lui arrivait de disparaître pendant longtemps pour aller ramasser des plantes et des écorces de racines que, dans les forêts, il transformait en médecines efficaces. Personne ne savait comment il s'y prenait, mais la plupart pensaient qu'il avait noué un pacte avec le Grand Esprit, lequel lui conférait une force qui n'était pas accordée au commun des hommes.

Shanuq avait toujours douté de cette entente exceptionnelle avec les esprits, elle ne considérait Shapokee que comme un sorcier médiocre. Elle avait vite découvert qu'il était ignorant des choses les plus ordinaires et ne possédait pas du tout le don de son père pour évoquer les esprits et voyager avec eux. Ses talents médicinaux étaient grands, supérieurs à ceux d'aucun Inuit, mais Shanuq eut vite l'impression qu'il s'entourait de plus de mystère que n'en méritaient ses capacités de guérisseur.

Elle ne pouvait pas détester Shapokee comme elle détestait les autres Itqiliit, car il possédait certains de ces dons qu'elle avait connus et aimés chez son père. Et le vieil homme lui accordait davantage d'attention qu'aux autres femmes. Étant riche et parmi les hommes les plus puissants des Kutchin, il avait trois femmes. Shanuq était son esclave et, peut-être parce qu'elle était la fille du célèbre Heq, dont Shapokee craignait l'esprit, elle était mieux traitée qu'aucune des autres femmes, généralement considérées comme indignes et sans la moindre importance dans le cercle des hommes.

A l'approche de cette saison que les Inuit appellent *aujaksaq**, le début de l'été, Shanuq s'aperçut que ses menstruations avaient cessé. Elle comprit ce que cela signifiait et en fut déprimée, car elle ne souhaitait pas donner naissance à un enfant moitié inuit, moitié itqiliit. Un enfant qui serait toujours méprisé par les Indiens, pensait-elle, et détesté par les Inuit. Elle essaya de se débarrasser du fœtus en restant debout dans l'eau froide du fleuve jusqu'à ce qu'une lourde paralysie dans le bas du corps lui rende impossible tout mouvement des jambes. Elle était sur le point de se noyer, ce qui la réjouissait, lorsque Tu-ta-ras, le fils aîné de Shapokee, la découvrit, la tira à terre et la força à se traîner jusqu'au campement devant la pointe de sa lance.

Shapokee était entré en fureur et l'avait fouettée longtemps avec une courroie de cuir tressé. Et elle avait ri quand il l'avait frappée, car cela lui faisait du bien. Les coups cinglaient davantage la dignité de Shapokee que son corps à elle, puisqu'elle lui avait montré le peu de valeur qu'elle accordait à ce bâtard qu'il avait fécondé en elle.

Ensuite Shoo-tam-a, la première femme de l'homme-médecine, avait enduit de baume ses blessures et lui avait dit qu'elle devait s'estimer satisfaite puisque c'était apparemment la volonté du Grand Esprit que cet enfant vienne au monde.

Bien plus tard au cours de la grossesse, Shanuq se mit à penser plus gentiment à l'enfant. Et lorsque vint le moment où elle le sentit bouger, elle commença à s'y attacher.

Elle accoucha en voyage, comme il était courant parmi les femmes nellagotinne. Elle posa un bout de peau de castor dans le trou qu'elle avait creusé dans la forêt et s'y accroupit, appuyée sur ses genoux et ses mains. Elle entendait encore les voix des Indiens qui s'éloignaient lorsque l'enfant sortit et, gémissant à voix haute d'épuisement, elle le souleva et le détacha de son corps d'un coup de dent. Puis elle le lécha et se releva, étourdie. Elle l'enveloppa dans la peau, en tournant le côté taché de sang à l'extérieur, accrocha le ballot au bandeau qui entourait sa tête et suivit la tribu. Tout en marchant, elle envisagea la possibilité de fuir, mais repoussa immédiatement l'idée. Elle était trop fatiguée après l'accouchement et trop loin de la côte où vivaient les Inuit.

Le soir même, elle rattrapa la tribu et montra l'enfant à son maître. Il était exceptionnellement grand. Shapokee l'examina avec soin, sourit et fit l'éloge de l'enfant en présence des autres, ce qui était très étonnant. Il décida qu'il s'appellerait Haeto, « Celui qui mène », qu'il serait libre et adopté par la tribu comme son fils. Shanuq évita de le regarder pendant qu'il parlait, car ses yeux auraient pu révéler ses pensées. Le garçon s'appellerait Heq comme son grand-père maternel, ainsi l'avait-elle décidé peu après sa naissance, il serait élevé chez les Inuit et deviendrait un vrai homme.

Pendant son séjour chez les Kutchin, elle avait entendu, vu et appris énormément. Et même si les Kutchin ressemblaient beaucoup aux Inuit, leur nature et leur façon de vivre étaient autres. Ils étaient fiers, avides d'honneurs et adoraient les conflits. A l'inverse des Inuit, qui préféraient maintenir la paix à tout prix. Elle les avait détestés, mais jamais craints, car à bien des points de vue ils semblaient à la fois enfantins et ignorants.

La terre était leur mère et personne ne pouvait la posséder. Shanuq avait souri chaque fois qu'elle avait entendu cela, c'était si évident. Si évident qu'aucun être humain ne pouvait posséder ni la terre, ni le ciel, ni la guerre était leur père, et celui-ci les menait sans combat.

ttaient pour les choses les plus futiles. Pour des s, pour des possessions éphémères. Pour voler des armes et des outils, des peaux et de la viande, et pour pouvoir découper le cœur et le foie de leurs ennemis, qu'ils mangeaient crus. Le mauvais sang de la guerre roulait dans leurs veines, et leur cruauté était grande. Ils pouvaient entrer en conflit avec les Mangeurs de Caribous Sauvages, bien que ce soient des parents, et ils luttaient contre les Dogrib*, les Cree* et les Nahani* quand ils les rencontraient. S'ils ne trouvaient pas d'hommes du peuple athabascan à tuer, ils montaient attaquer les Inuit dans le Nord. On ne pouvait faire aucune confiance à ces hommes.

La tribu régnait sur un immense territoire de forêts, où il y avait profusion de gibier et de fleuves remplis de poissons. Et malgré cela il arriva, pendant que Shanuq vivait avec eux, que de grandes bandes lèvent le camp pour trouver de nouveaux pays et d'autres hommes à combattre. Ils abandonnaient sans remords le pays que les ancêtres leur avaient légué, tant était grande leur soif de sang. Shanuq était heureuse que Shapokee soit vieux et sédentaire, sans aucune envie de voyager. Elle ne souhaitait pas s'éloigner davantage de la région côtière qui lui manquait tellement.

La tribu avait de nombreux tabous, davantage que les Inuit. Elle en connaissait déjà certains qui leur étaient communs, et apprit vite les autres. Ainsi un Itqiliit ne tuait-il jamais un corbeau ou un chien, ni même, à certaines périodes, les loups ou les ours. Mais ils tuaient avec une grande ivresse meurtrière les animaux qu'il leur était permis de chasser. Il arrivait souvent, au cours des chasses au caribou, qu'un chasseur continue à tuer jusqu'à ce que la fatigue le rende incapable de lever la lance. On croyait qu'il était impossible d'épuiser les réserves d'animaux, on pensait aussi que si l'on tuait beaucoup de caribous, les renards auraient amplement de quoi manger, se multiplieraient et donneraient davantage de peaux l'année suivante.

Le glouton était férocement haï. Car le glouton était plus fort que les Hommes-Chiens. Il pouvait bousculer sans effort les grands troncs d'arbres posés sous les provisions de viande, grimper dans les arbres les plus hauts et dévorer les os et la viande gelée suspendus à l'abri des ours et des loups. De temps à autre, les chasseurs attrapaient un glouton et alors ils lui arrachaient les yeux des orbites et le laissaient repartir aveugle. Ou bien ils lui coupaient la langue et le relâchaient ainsi. Une fois, sur ordre de Shapokee, ils en gardèrent un dans le campement afin que chacun puisse voir ses souffrances de près. Shapokee lui ouvrit le ventre avec son couteau et attacha la pauvre bête à un bouleau avec ses propres intestins. La cruauté de ce peuple dépassait tout ce qu'elle avait vu chez son propre peuple.

Elle avait également appris le chant. Pas celui qu'avait possédé son père, celui des esprits, mais un récit chanté qui lui avait plu et l'avait beaucoup amusée. Tant d'années après, lorsqu'elle marchait le long de la côte brumeuse pour ramasser du bois pour le feu, elle entendait encore ces chants dans sa tête.

Hi-he-hœ he-he-ho, des chants sur la viande, la nostalgie, les voyages, l'amour et la guerre. Des chants gais, des chants tristes et des chants sauvages.

Elle ne les avait que rarement entendus chanter pour les esprits. Cela n'arrivait qu'à de rares occasions, lorsque Shapokee guérissait des malades. Mais ces chants semblaient peu convaincants aux oreilles de Shanuq, elle voyait bien qu'ils étaient sans magie. Ils étaient imposants, divertissants, mais peu guérisseurs. Parfois Shapokee parlait de certains esprits, tous mauvais et cruels. Mais il n'essayait jamais de les conjurer, comme l'aurait fait son père. Il ne connaissait pas du tout Pikna et savait à peine où allaient les hommes après la mort.

Il croyait que les âmes des morts étaient installées dans un canoë de pierre et qu'on leur ordonnait de pagayer contre le violent courant d'un fleuve. Ils devaient remonter vers une île au milieu du fleuve, une île pleine de gibier. Mais dès qu'ils apercevaient l'île, le canoë chavirait et seuls les guerriers les plus courageux atteignaient la terre. Les autres mouraient d'une mort pitoyable par noyade et étaient perdus pour toujours. La vie sur cette île ne se distinguait d'ailleurs pas énormément de la vie qu'on avait vécue avant la mort.

Lorsque Shapokee lui avait confié tout cela avec grand sérieux, pour qu'elle le transmette à son fils après sa mort, Shanuq s'était détournée pour sourire. Elle s'était étonnée qu'elle, qui n'était que femme et de surcroît l'esclave d'un célèbre homme-médecine, en sache tellement plus que le vieux chef.

Souvent, les Indiens dansaient. Ils étaient possédés par une immense joie de la danse. Mais c'était rarement pour invoquer les esprits ou transmettre d'anciennes paroles. On dansait pour exprimer la guerre, l'amour de la chasse ou les massacres. Et ils utilisaient un tambour qui rappelait un peu celui des hommes et qu'ils appelaient *hali-gali**. Un tambour qui avait bien amusé Shanuq, parce que le son qu'il produisait évoquait un pet de lièvre, comparé au roulement du tambour inuit.

Peu après la naissance de l'enfant, ce fut comme si les reins de Shapokee avaient retrouvé la force de la jeunesse. Il exigeait plus souvent Shanuq sur sa couche, et elle commença à ressentir une certaine joie au contact du vieux corps dur contre le sien. Peut-être cette impression venait-elle de l'habitude, puisqu'un être humain s'habitue à tout, même à ce qui paraît pénible au début. Le vieux n'était jamais désagréable, il exprima même plus d'une fois de la satisfaction pour ses prestations. Sa virilité avait été étonnamment pleine pendant cette période, lui causant de grandes douleurs. Il lui arrivait de se vider en elle plusieurs fois au cours de la même nuit, et alors elle ressentait une sorte de tendresse qu'elle aurait jugée impossible peu avant. Ce sentiment durait un court instant, où elle croisait ses jambes dans son dos et se laissait traverser par quelque chose d'incompréhensible.

Puis Shapokee tomba malade. Shanuq et sa plus jeune

femme, encore impubère, avaient dû se coucher auprès de lui pour tenir son corps chaud. Shanuq avait extrait la moelle d'un os de caribou pour lui montrer comment aspirer l'eau du broc à travers l'os sans prendre les glaçons dans la bouche. Même quelque chose d'aussi élémentaire n'avait pas été inventé par les Hommes-Chiens.

Un matin, Shapokee avait été retrouvé mort entre les deux filles. Un matin d'automne, en cette saison que les hommes nomment *ukiuksaq**, le début de l'hiver. La tribu campait alors à la lisière de la forêt et de la toundra, en attendant les derniers caribous descendus du nord.

Comme Shapokee avait été un personnage important, on s'enfonça profondément dans les forêts, vers le cœur du pays nellagotinne. Là, il fut couché dans un cercueil et placé sur une plate-forme portée par de grands poteaux dénudés de leur écorce. Après les funérailles, on monta le camp près d'un long lac étroit, où la première femme de Shapokee était née, et on s'y installa pour l'hiver. L'année suivante, les restes de Shapokee devaient être brûlés et les cendres posées au sommet d'un poteau peint, dans un récipient en écorce de bouleau tressée.

Après le départ du vieux, toutes ses possessions passèrent à son fils aîné Tu-ta-ras. Et Shanuq aussi. Mais Tu-ta-ras était un homme qui prenait peu de plaisir à la compagnie des femmes. C'était un guerrier, et il ne couchait que rarement avec les femmes parce qu'il pensait qu'elles lui suçaient sa force. Peu après la cérémonie, il la vendit à des Indiens Cree qui visitaient le campement pour faire du commerce. Ils payèrent plusieurs peaux ainsi que des armes fabriquées par eux, parmi lesquelles des pointes de flèches en métal jaune [1] issu des environs du grand lac, au sud, dans le territoire des Tatsanotinne.

Les Cree firent une bonne affaire, car ils savaient que les femmes inuit étaient recherchées par les tribus du Sud-Est et se vendaient cher. Les Cree restèrent plusieurs jours dans le campement et la plus âgée des fem-

1. Du cuivre de la région de Yellowknife. (*N.d.T.*)

mes de Shapokee garda l'enfant de Shanuq pendant que les étrangers se servaient d'elle, comme les hommes se servent des femmes. Elle avait eu honte, lorsqu'elle avait couché avec eux, parce qu'ils avaient utilisé des ouvertures de son corps que les autres hommes n'avaient jamais utilisées. Elle avait eu honte parce qu'ils se comportaient comme des chiens et parce qu'elle avait pleuré quand ils l'avaient battue pour la rendre docile.

Il y avait tout un réseau de fils dans la vie de Shanuq. Et même s'ils étaient aussi étroitement entremêlés que des traits de chiens après un long voyage, il n'y avait aucun nœud inextricable. Lorsqu'elle saisissait le fil qui menait aux Cree, elle fermait toujours les yeux pour garder l'horreur derrière la nuit des paupières.

Les Indiens Cree l'emmenèrent avec son enfant pour rejoindre un groupe plus grand qui avait monté le camp à plusieurs sommeils de là. Ils suivaient la lisière de la forêt puisqu'ils craignaient davantage les Inuit qui peuplaient la toundra que le peuple nellagotinne. C'était en cette saison où les tempêtes d'hiver soufflaient du nord et où le froid et la neige arrêtaient souvent leur marche.

Ils restèrent ainsi bloqués pendant plusieurs jours, sans autres provisions qu'un peu de pemmican. Le plus vieux des Cree envoya le plus jeune à la chasse au rat musqué et, dès qu'il fut seul avec Shanuq, il l'exigea auprès de lui comme passe-temps. Elle dégagea l'enfant de son dos et l'installa dans un coin de la grotte sur des branches et des peaux. Puis elle retira son pantalon de peau et se coucha, les cuisses écartées. L'Indien ne lui parla pas, mais il prit acte de sa bonne volonté en ne la battant pas. Pendant qu'il était couché sur son corps, absorbé par son propre plaisir, elle lui enfonça une pointe d'os de caribou dans le dos, jusqu'au cœur.

Dehors, la neige formait comme un mur lorsqu'elle sortit avec l'enfant attaché dans le dos. Le vent soufflait comme un esprit aux bouches innombrables, mais Shanuq riait et n'était effrayée ni par la neige ni par la tempête. Les voix chantaient autour d'elle, chantaient la liberté qu'elle avait conquise, et le souffle du vent nettoyait son âme et la rendait étonnamment lucide.

Le meurtre la remplissait d'une joie intense. Elle avait détesté les Cree plus qu'aucun Indien de la tribu nellagotinne. Et elle avait planté l'os pointu et aiguisé à travers la chair de l'Homme-Chien avec une sauvagerie qui n'était pas sienne. Sans trembler de la main, elle l'avait rapidement enfoncé dans son dos et avait transpercé son cœur. Elle avait fixé son visage et s'était réjouie de sa souffrance. Elle avait senti dans son ventre quand la mort l'avait emporté, l'avait repoussé de son corps et avait souri devant son visage nu et torturé. Puis elle s'était habillée, avait saisi la poche avec le pemmican, sa boîte à couture et l'enfant, et elle était sortie de la grotte.

Les premières vingt-quatre heures de liberté furent très heureuses. Tant qu'il lui resta de la nourriture, elle ne ressentit que bonheur à voyager. Mais quelques jours plus tard, lorsque, le pemmican fini, la faim se fit sentir, elle commença à avoir peur. D'abord elle ressentit une grande fatigue dans ses membres et le vide dans sa tête. Elle avait des visions, et chaque fois que l'enfant suçait ses seins presque taris, elle avait mal et était prise de vertiges. De temps en temps, elle criait face aux espaces déserts pour se libérer de la peur.

Elle savait si peu de choses sur la peur. Ce n'était pas la peur de l'autre Cree ou des Kutchin. La neige avait recouvert ses traces et un Homme-Chien ne la suivrait pas aussi loin dans les terres inuit, quelle que soit sa valeur. Elle ne craignait pas non plus la mort. La mort était aussi naturelle que la vie et venait à tout le monde, aussi sûrement que les migrations des caribous au printemps et à l'automne.

Mais elle avait peur de la solitude. Une peur panique. La solitude dans la toundra infinie, remplie d'inconnu et bourdonnante de voix d'esprits malfaisants. C'était la solitude qui la faisait hurler sauvagement, un cri si fort et si strident que l'enfant effrayé criait lui aussi.

Après les cris venait toujours une étonnante lucidité. Elle continuait à avancer vers la droite de ce qu'elle pensait être la direction de la côte. Elle marcha si longtemps que la lumière du jour peu à peu diminua terriblement. Mais c'était comme si les puissances suivaient sa marche avec grande attention. Plus elle était fatiguée, plus la faim épuisait ses forces, plus ses pensées s'éclaircissaient. Il lui était ainsi tout à fait clair que l'enfant qui était sorti de ses flancs devait vivre à tout prix. Elle devait l'emmener chez les vrais hommes avant de mourir. Car l'enfant contenait son univers. Il n'avait pas été engendré par Shapokee et elle, mais envoyé aux Inuit sur ordre de son père à elle.

Lorsqu'elle se reposait, elle sortait son fils des attaches dans son dos. Elle le posait sur ses jambes étendues et observait son petit visage rond. Et à cette vue, un rire roucoulant jaillissait du plus profond de sa gorge. En effet, le visage de cet enfant n'était pas comme celui d'autres enfants. Ce n'était ni celui de Shapokee ni le sien. C'était Heq. Le Heq vivant et le Heq qui était mort. Assise dans la neige, elle aspirait des forces en contemplant le petit visage doré, un visage qui montrait rarement des pleurs et qui, jamais, ne souriait.

C'est alors que, par hasard, après de nombreuses journées de voyage, elle découvrit un igloo. Un dôme recouvert de neige, comme une petite verrue jaune sale sur la peau blanche de la toundra. Lorsqu'elle en dégagea l'entrée, elle trouva à l'intérieur une femme morte avec un enfant gelé, serré entre ses cuisses nues comme le font d'habitude les femelles des ours blancs. Un flot de pensées se pressaient dans la tête de Shanuq, lorsqu'elle entra dans l'igloo et s'assit sur la couche de neige, face à la femme.

Elle passa la nuit dans la hutte de neige. Et lorsque Heq se mit à crier parce que ses seins étaient sans lait, elle découpa avec son couteau de minces tranches des cuisses et des fesses de la femme, et mâcha lentement les bouts de chair gelés. Elle avait honte, en découpant la chair, et elle parlait à la femme, la remerciant de permettre à Heq de vivre grâce à son corps.

Shanuq ne se souvenait plus combien de temps elle

était restée dans la hutte. Elle se souvenait seulement d'avoir continué à découper la chair de la morte jusqu'à ce que celle-ci soit méconnaissable, et presque dénudée jusqu'aux os. Elle ne toucha pas à l'enfant. Elle mâchait soigneusement la viande, la mélangeait avec de la neige qu'elle faisait fondre dans sa bouche, puis recrachait la soupe chaude dans la petite bouche de Heq en remplacement de ce lait que ses seins ne produisaient plus. Jamais elle n'avait pu s'habituer au goût doucereux de la chair humaine, mais elle pouvait encore le faire revenir, comme elle pouvait faire revenir le goût du phoque ou de l'ours.

Elle avait elle-même récupéré des forces et, à un certain moment, quand le temps parut stable et la lune pleine, elle se décida à reprendre la route. Elle quitta l'igloo de la femme dévorée et de l'enfant, dont elle ignorait les destins, et posa un bloc de neige devant l'entrée afin que les restes des morts demeurent à l'abri des bêtes jusqu'à la fonte du printemps.

Avant que le lait ne tarît à nouveau dans sa poitrine, elle fut trouvée par un groupe de chasseurs venus de la côte. Ils l'emmenèrent à Nunaqtyak* près de la mer, où on lui donna beaucoup de viande, de graisse, et des peaux chaudes pour dormir. Les gens s'étonnèrent qu'elle eût pu accomplir un voyage aussi difficile toute seule, et ils rirent énormément lorsqu'elle leur raconta les habitudes sexuelles des Cree et la façon dont elle avait transpercé le cœur du plus vieux avec un os fendu. Lorsqu'on l'interrogea sur le garçon, elle répondit qu'il avait été conçu quelque temps avant que les Hommes-Chiens ne la fassent prisonnière.

L'un des chasseurs, qui avait fait un long voyage dans le Sud, confirma certaines parties de son récit. Chez les Inuit du fleuve Mackenzie, il avait entendu parler du grand combat entre les Indiens et les Inuit, et le nom de Heq n'était inconnu ni de lui, ni des autres chasseurs. Il fut ainsi établi que Shanuq disait en partie vrai, et l'on supposa que le reste l'était aussi. Car quelle raison aurait-elle eue de mentir ?

On admira beaucoup Heq d'avoir pu supporter, si jeune, tant de péripéties. Et Orulo, qui était le *Riumata** du camp, « Celui qui pense », offrit à Shanuq le palais d'un ours mort de mort naturelle afin que le garçon continue à être fort dans les situations dangereuses. Shanuq le cousit dans son bonnet.

Elle cousit également dans le vêtement de peau du garçon les pieds d'un faucon, afin qu'il soit parmi les meilleurs chasseurs comme le faucon l'est parmi les oiseaux, un peu d'excréments de renard pour l'intelligence et un pied de corbeau qui le rendrait frugal.

Heq fut reconnu comme un vrai homme, exactement comme l'avait décidé Shanuq depuis longtemps. Elle seule connaissait ses ascendants.

Quelque temps après son arrivée à Nunaqtyak, Shanuq trouva un pourvoyeur. Un jeune célibataire qui se nommait Qumla, Queue Gelée. Ce n'était pas l'un des meilleurs chasseurs, mais pas non plus l'un des pires. Un homme gentil dont la gorge se remplissait de rires plus vite que les autres, ce qui était bienfaisant pour Shanuq après ces longues années auprès des sombres Indiens. Qumla ne la battait jamais, ce qui était remarquable et un peu honteux pour Shanuq. Mais elle l'aimait bien et pour la première fois de sa courte existence d'adulte, Shanuq trouva du plaisir à la vie commune. Qumla aimait beaucoup coucher avec elle, et elle-même trouvait que c'était un passe-temps à la fois agréable et amusant.

Qumla était si assidu sous les peaux que dès le premier été, elle donna naissance à un autre garçon. Un beau gros garçon avec une grande dent dans la bouche. Un enfant tout à fait incroyable, lui sembla-t-il, et si différent du premier. Heq avait été conçu contre sa volonté et porté par un cœur haineux. Elle traversait alors des temps mauvais, pleins d'humiliations et d'angoisse. Et bien qu'elle l'eût aimé, elle n'avait jamais vraiment eu de temps pour lui. Ce deuxième enfant, au contraire, avait été conçu dans le rire et la joie avec un homme dont elle appréciait la valeur. L'enfant était le bienvenu lorsqu'il se détacha d'elle, tomba dans le trou de glace et poussa son premier cri strident, qui fit accourir le père éperdu dans la maison de neige où elle accouchait.

Tout fut différent avec ce deuxième fils. Elle passa beaucoup de temps rien qu'à le contempler, à soulever sa petite main, à admirer les ongles délicatement formés et les petits doigts boudinés. Elle laissait glisser ses mains sur sa peau nue, si douce et lisse que ses propres paumes semblaient comme de l'écorce de mélèze. Et elle souriait quand sa bouche se tordait de pleurs. Lorsqu'elle le mettait à ses seins tendus, elle ressentait presque la même chose que quand elle couchait avec Qumla. Ah, c'était si bon d'avoir un enfant chez les vrais hommes !

Elle avait vu avec étonnement son *uvit** devenir l'un des meilleurs chasseurs de la tribu après la naissance de l'enfant. Comme si le petit garçon avait suscité chez son père des forces et des capacités qui sommeillaient en lui. Il était le premier sur la glace, le dernier à rentrer et un de ceux qui rapportaient le plus de viande au camp. Jamais il n'était fatigué. Il pouvait chasser la baleine pendant plusieurs jours, ramener le butin sur le kayak et être encore disposé à jouer avec Heq et son petit frère. Pendant la nuit, il était comme un jeune homme reposé sur la couche, à la grande joie de Shanuq qui se sentait reconnue et désirée. Il lui était soudain apparu qu'elle tenait plus à Qumla qu'à aucun autre et son amour était si grand que le désir de s'unir à lui retint la venue d'autres enfants. Il se passa dix ans avant qu'elle n'accouche à nouveau. Et ce fut une fille. Un petit être déraisonnable qui criait nuit et jour parce qu'elle souhaitait un nom et donc une âme de plus.

Elle fut appelée Pukiq, du nom de la sœur de Qumla que la glace avait prise un printemps.

Shanuq fut très attentive à n'enfreindre aucun tabou. Chaque fois qu'elle buvait, elle versait une goutte sur la bouche de l'enfant, et lorsqu'elle mangeait, elle conservait de petits bouts de viande dans une poche qu'elle plongeait dans la mer pour les esprits des animaux marins. Et lorsqu'elle avait coupé le cordon ombilical avec ses dents, elle en avait gardé un bout, qu'elle cousit dans une poche de peau et accrocha au cou de Pukiq comme une puissante amulette. Plus tard, elle y plaça également la tête d'une mouette tridactyle pour que l'enfant, devenue femme, accouche avec facilité.

Elle resta avec l'enfant à l'intérieur de la maison le temps prescrit, sans nommer les animaux par leur nom, et lorsque cette période se termina, la petite était un être prêt à vivre et avait reçu son nom. Pukiq était née un automne, juste après la formation de la glace, et au printemps suivant Qumla passa à travers cette même glace et se noya. Comme il y avait trop de femmes dans le groupe, Shanuq resta veuve. Elle apprit vite à vivre de ce que les autres lui apportaient ainsi que de ce que ses fils chassaient.

Heq et son cadet de deux ans étaient presque toujours ensemble. Ils reprirent les armes de chasse de Qumla et se mirent à chasser à égalité avec les adultes du camp. Heq était le plus habile et le plus endurant. Son jeune frère, qui était petit, souple et avec un visage exceptionnellement beau, n'avait pas l'instinct de son aîné pour les caches et les habitudes des animaux. C'était comme si ses bras étaient mal construits pour le lancer du harpon, et ses coups de lance étaient le plus souvent dénués de force et incapables de donner la mort. Là où il se révélait le meilleur, c'était lorsqu'il fallait poursuivre de grands troupeaux de caribous entre les murets de pierres, jusqu'au fleuve. Alors il volait comme une flèche, plus rapide que tout autre et souvent plus rapide que les caribous. Il était si endurant à la course que les vieux caribous faibles s'effondraient en haletant lorsqu'il les chassait. Shanuq se réjouissait de ce cadeau que le garçon avait hérité de son père à elle, qui n'avait pas eu son égal pour la course.

En tout d'ailleurs, le plus jeune de ses fils était différent. A l'âge de douze-treize ans, personne dans le camp ne savait s'il allait devenir homme ou femme. Il était beau et rond comme une femme, doux, docile et doué pour les travaux féminins que Shanuq lui avait appris dans de grands éclats de rire. D'un autre côté, il était également chasseur, aimait la chasse comme le fait un homme et appréciait la compagnie des hommes. Pour ces raisons on lui donna le nom de Tyakutyik, ce qui signifie : « Quel genre d'être sont ces deux-là », un nom qu'il porta toute sa vie avec grande patience.

Shanuq savait que Tyakutyik avait deux âmes. Frère et sœur jumeaux dans le même corps. Ce n'était ni extraordinaire ni hors nature qu'une personne naisse avec des âmes jumelles. Elle l'avait vécu dans son enfance parmi les siens et aussi chez les Hommes-Chiens, et elle l'aimait à la fois comme garçon et comme fille, et plus tard comme homme et comme femme. Elle retrouvait en lui à la fois Qumla et elle-même, ce qui lui procurait une grande joie.

Seuls quelques jeunes, qui étaient encore sans tact et sans compréhension des choses, trouvaient ridicule la double nature de Tyakutyik. Et lorsque vint le temps où son corps réclama le contact avec d'autres, il y eut à la fois des femmes et quelques hommes pour vouloir de lui, car il était beau, intelligent et très attrayant.

Heq adorait son frère. Il le défendait avec une violence qui empêcha les jeunes du camp de taquiner Tyakutyik pendant les années où il n'était encore ni fille ni garçon, et trop jeune pour se décider pour l'un ou pour l'autre. Ils étaient toujours ensemble. Le grand et solide Heq et le mince et souple Tyakutyik.

Heq avait vécu environ seize étés lorsqu'il commença à chercher la solitude. Tyakutyik, dont la sensibilité était très développée, ne s'imposa pas à son frère et Shanuq, qui suivait l'évolution de ses fils avec attention, comprit que le temps était venu où Heq allait rechercher le grand savoir que son grand-père maternel avait possédé. Cette sagesse, elle le savait, se trouvait dans le chant, ce chant qui résonne dans les oreilles de certains fils des hommes. Le chant qui naît dans la toundra déserte et qui est si différent du langage ordinaire. C'étaient des chants qui n'appartenaient qu'à leur propriétaire, de même que sa respiration n'appartient qu'à lui, et ils naissaient de la solitude, de la souffrance et du manque pour se transformer en sagesse. Elle avait ressenti cette sagesse lorsqu'elle marchait sur la toundra avec Heq, elle en avait eu la perception lorsqu'elle criait sa terreur à ceux qui décident.

La première fois que Heq disparut pendant longtemps, elle alla trouver Orulo, l'invocateur d'esprits du camp. Elle lui parla de son père, qui avait été parmi les chamans les plus renommés, et de la nostalgie de Heq. Orulo l'écouta patiemment et lorsqu'elle n'eut plus de mots, il ne la chassa pas. Par contre, il lui donna trois langues de caribou en cadeau et prononça de belles paroles sur ses fils. Lorsque Heq revint au camp sans butin, mais avec une distance dans le regard qui effraya un peu Shanuq, Orulo commença à emmener le jeune à la chasse. Et il fut dit des choses entre ces deux-là que personne d'autre n'entendit.

Au cours de sa dix-septième année, Tyakutyik devint plus femme qu'homme. Une envie presque irrésistible de donner naissance à un enfant s'empara de lui, ce qui était un droit réservé aux femmes. Mais il savait que son ventre resterait pour toujours sombre et stérile. En tant qu'homme, il était capable de féconder une femme mais en tant que femme, il serait condamné à rester sans enfant. Mais il n'était rien. Ni homme, ni femme, ou bien il était les deux, ce qui était tout aussi malheureux.

Il pensait à sa beauté avec une certaine amertume. Et lorsqu'il demanda à Shanuq comment cela se faisait qu'il soit devenu plus beau que les autres, elle lui expliqua que c'était dû à sa vigilance, lorsqu'il n'était encore qu'un fœtus. Elle avait été assidue au travail, s'asseyant toujours avec les jambes bien serrées, pour qu'il ne vienne pas au monde avec une grande bouche affreuse. Elle n'avait jamais dormi sur le côté pendant toute sa grossesse, ce qui aurait pu rendre l'accouchement difficile et donc déformer sa tête. Elle lui raconta aussi que ce n'était pas du tout désagréable d'être beau. Car elle-même avait été considérée comme une grande beauté, aux membres forts et aux formes rondes, comme les aiment tant les hommes. Ses yeux étaient joyeux et pleins de vie, et sa petite bouche ronde avait toujours eu beaucoup de facilité à sourire.

Peut-être, lui dit-elle, était-ce parce qu'elle avait été jolie que la vie avait été si facile pour elle. Elle avait tiré beaucoup de joie de sa beauté, même si cela lui avait de temps à autre procuré des ennuis. Ainsi Shanuq essayait-elle de consoler son plus jeune fils de posséder une beauté, qui n'était d'aucune utilité.

A présent, Shanuq était vieille. Ses seins pendaient sur sa poitrine comme des poches de peau vides et la douceur de la jeunesse avait quitté ses joues. Elle avait encore envie de partager sa couche avec des hommes, une envie lourde à porter et qui n'adoucissait pas la décadence de la vieillesse. Elle comprenait Tyakutyik et souffrait avec lui.

Pourtant, dans l'ensemble, Shanuq était satisfaite. Elle considérait qu'elle avait eu plus de satisfactions que d'insatisfactions durant toute sa vie, car cela avait été une vie changeante et remplie d'un nombre incroyable d'événements. Le résultat de cette vie, c'étaient les enfants. Heq qui allait à la chasse avec Orulo et qui avait acquis une distance dans le regard, qu'elle connaissait à la fois de son père à lui et du sien. Tyakutyik, qui était l'être le plus gentil qu'elle ait jamais connu, et qui essayait de partager sa vie entre homme et femme. La petite Pukiq qui grandissait et dont les yeux se remplissaient de joie et le corps de graisse. Lorsque son temps viendrait, elle serait désirée par beaucoup d'hommes, ce qui était un grand bonheur pour une femme. Dès que Pukiq commença à comprendre ses paroles, Shanuq lui apprit les travaux des femmes. En plus du bout de cordon ombilical séché, elle lui accrocha une patte de lièvre au cou, sachant que cela la rendrait vive et lui donnerait le pied léger.

Lorsque sa fille grandit, Shanuq lui apprit que sa place dans la société était celle d'une servante. Elle n'avait d'importance pour les hommes que s'ils se battaient pour elle. C'est pourquoi elle devait apprendre à servir. Tout d'abord, à coudre toutes sortes de vêtements qui tiendraient les hommes au chaud et au sec. L'enfant fut aussi initiée à l'art de la cuisine, très variée et très compliquée. Ainsi les animaux de terre devaient-ils être bouillis à l'eau douce et les animaux marins à l'eau de mer. Bien qu'ayant passé beaucoup de temps chez les Kutchin, Shanuq n'avait jamais oublié les tabous de son enfance. Elle transmit à sa fille toutes ces règles de vie importantes. Pukiq comprenait vite et se montrait très intéressée. Avant ses dix étés, elle savait coudre avec des points si fins que les femmes du camp ne pouvaient discerner si c'était l'enfant ou Shanuq qui avait accompli le travail.

Ainsi Shanuq était-elle heureuse de sa vie et de ses enfants, même si au fond d'elle-même elle s'avouait manquer d'un homme. Elle ne redoutait pas la vieillesse parce qu'elle la savait inévitable et elle vieillissait dans la certitude d'être encore utile. Elle guettait passionnément la transformation dans l'être de Heq et devinait chez lui une assurance qui le placerait parmi les meilleurs hommes du camp. Chaque automne, lorsque le soleil descendait si bas qu'il roulait comme un ballon rougeoyant au-dessus de la toundra, elle découpait avec son *ulo** une entaille dans sa cuisse droite pour Heq et une autre dans sa cuisse gauche pour Tyakutyik. Elle mettait ensuite de la suie de lampe dans les blessures et pouvait de cette manière tenir le compte des années de vie de ses fils. Car même si les cicatrices noircies de suie pâlissaient et se fondaient presque, elles ne disparaissaient jamais. L'âge de Pukiq, elle le calculait comme celui d'un demi-homme à partir du nombre de Tyakutyik, et un demi-homme était l'équivalent du nombre de doigts que possède un être humain.

Les années où elle avait posé les labrets sur les lèvres des garçons, et celles où elle avait percé des trous dans leurs narines pour les bâtonnets d'os, elle avait dessiné un petit triangle à côté des traits. Et cela lui procurait toujours une grande joie de contempler ses cuisses où s'inscrivait la longueur de vie de ses enfants.

Un jour, Heq serait initié. Shanuq ne savait évidemment pas ce qu'Orulo lui avait raconté, mais en regardant son fils, elle devinait qu'il savait des choses que les gens ordinaires ignorent totalement. Elle remarquait aussi avec satisfaction qu'il disparaissait maintenant pendant des périodes plus longues et elle pensait qu'il se rendait aux montagnes de la côte pour appeler ses esprits-assistants. Elle se réjouissait certaines nuits de l'entendre murmurer dans son sommeil des formules de magie et des mots incompréhensibles, ou de l'entendre crier comme sous une grande douleur, possédé par le mystérieux et l'inconnu.

Heq et Tyakutyik ramenaient beaucoup de viande au camp. Et Shanuq et Pukiq étaient toujours sur la plage pour accueillir les chasseurs à leur retour. Souvent, Shanuq était la première à offrir à manger des animaux que l'on n'avait en général pas l'habitude de partager. Tout cela était incroyablement amusant et de temps en temps elle trouvait que sa chance était supérieure à la modestie qu'elle exprimait, quand elle offrait le repas. Ce n'était que lorsqu'elle parlait de ses enfants ou de son père qu'elle avait du mal à atténuer ses paroles. C'était alors comme si les mots poussaient dans sa bouche sans humilité aucune, s'imposaient et voulaient être prononcés. Après avoir ainsi vanté la bonne fortune de chasse de ses fils ou les talents de couture de Pukiq, elle avait honte longtemps après et n'osait pas regarder ses enfants dans les yeux. Mais Tyakutyik riait d'elle, l'étreignait et frottait tendrement son nez contre ses joues. Taquine, Pukiq plissait les yeux, et Heq secouait la tête et la regardait en souriant, sans exprimer la moindre désapprobation.

Oui, Shanuq avait vécu une bonne et longue vie. Et elle aimait toujours chaque jour qui se levait.

2

Un jour, après de grosses chutes de neige et peu après le coucher du soleil, le jeune Attunga, qui avait le même âge que Heq, revint sans butin d'une expédition de chasse. Cela n'avait rien d'extraordinaire, parce qu'Attunga était un homme qui avait plus de mots dans la bouche que de viande sur l'étendoir. Il vivait dans sa propre maison avec ses deux frères et un oncle âgé, et s'était très tôt procuré une famille en enlevant une femme et en tuant son compagnon, lorsque celui-ci vint la réclamer.

Personne ne remarqua son retour et, lorsque la viande fut distribuée, sa famille reçut la même portion que les autres. Par chance, Utaq avait attrapé un dauphin blanc et, comme il était d'usage dans le groupe de partager cet animal, on se réunit autour du feu pour un repas commun de *mattaq** et de viande.

L'étonnement fut grand lorsque Attunga, qui aurait dû se tenir modestement en retrait, se leva au beau milieu du repas et déclara d'une voix forte :

— *Angakkuujunga*, je suis invocateur d'esprits.

On le regarda avec surprise. Grand et fort, il se tenait debout devant eux, les jambes écartées et le visage luisant de la graisse du délicieux *mattaq*. Son regard passa au-dessus du feu sans rien fixer de précis et il répéta d'un timbre encore plus puissant :

— *Angakkuujunga*.

C'était un mot d'une force si terrible que les gens détournèrent les yeux de son visage. Si quelqu'un d'autre s'était levé et avait formulé cette déclaration terrifiante, on l'aurait accueillie avec compréhension et attente. Mais Attunga était connu pour son caractère violent et son grand manque de modestie, caractéristiques peu indiquées pour un futur chaman. En prononçant ce mot, il avait formulé le souhait d'accomplir une invocation. Il avait défié les esprits, ce qui pouvait être funeste pour tout le groupe.

Orulo rompit le silence oppressant. Il examina du regard le jeune homme aux membres solides.

— Tu as bien tenu secret ton apprentissage, comme le veulent les règles. Nous souhaitons voir ton invocation, avec ou sans voyage avec les esprits.

Attunga hocha la tête. Il se détourna du feu et entra dans la grande maison commune, réservée aux fêtes et autres réunions importantes. Là, il s'assit sur la couche principale et se laissa ficeler par ses deux frères. Ils l'attachèrent de sorte que sa tête repose sur sa cuisse droite nue et lièrent ses poignets dans son dos avec une fine lanière. Le vieil oncle accrocha une peau cliquetante au-dessus de lui et posa le grand tambour par terre, devant la couche.

La maison se remplit de gens. Des lampes furent apportées et restèrent allumées pendant toute la préparation. Orulo s'assit tout au fond. Il avait compris que l'oncle d'Attunga avait initié le jeune. Car le vieillard, qui s'était assis contre le rebord de la couche avec un sourire de fierté, avait lui-même été sorcier autrefois, toutefois sans les aptitudes au voyage avec les esprits qui sont nécessaires à un chaman.

Les lampes s'éteignirent. On entendit les coups sourds du tambour et les cliquettements de la peau sur le mur. Attunga commença à gémir et à se plaindre comme s'il était déjà possédé par les puissances. Sa voix devint méconnaissable, on aurait dit celle d'un bébé ou d'un oiseau qui essaierait de parler la langue des hommes.

Les coups de tambour s'intensifièrent et l'on comprit que le tambour avait commencé à voyager dans la maison. Les coups venaient tantôt d'un côté tantôt de l'autre, venaient d'en bas ou d'en haut, en un rythme lent, bien connu de tous. Soudain le silence se fit. Les spectateurs se resserrèrent. Les enfants, fixant l'obscurité les yeux écarquillés, s'accrochaient à leurs parents. Puis on devina de la lumière dans les mèches des lampes. De petits points vacillants qui permettaient de voir la salle par éclairs. On découvrit Qimarhat, le chasseur redouté, et des halètements d'effroi se firent entendre. Le monstre arpentait la maison à pas lourds et sa présence repoussa les gens dans un coin. Il hurlait tout le temps *a-mo a-mo* et était d'apparence si hideuse que les enfants commencèrent à crier. Celui qui touchait cet être des mondes souterrains devait mourir.

On s'attendait à présent à ce qu'Attunga parle la langue des esprits, mais il continua simplement à gémir et à se tordre sur la couche ; aucun langage des esprits ne s'échappait de sa bouche. Orulo, qui avait compris que l'apparition de l'*amortorroq** était l'œuvre du vieil oncle, se leva et quitta la maison. Tout le monde le vit partir et l'*amortorroq* s'aperçut que sa force faiblissait. D'un grand saut, il bondit au-dessus de l'assemblée et disparut par le couloir, prenant le même chemin qu'Orulo.

Ainsi l'annonce par Attunga de ses aptitudes particulières fut-elle ridiculisée. Bien sûr, il était parvenu avec l'aide de son oncle à faire apparaître un esprit terrifiant, et on pouvait peut-être lui reconnaître certains talents magiques comme ceux de faire bouger la peau cliquetante et le tambour. Mais tout cela n'était que de l'ordinaire, pouvant être accompli par n'importe quel sorcier. Il n'était pas invocateur d'esprits comme il le prétendait, et lui-même s'en rendit d'ailleurs compte lorsqu'on détacha ses liens.

Heq, qui avait assisté à l'essai d'Attunga, ne fut pas surpris. Il connaissait le désir ardent d'Attunga d'être parmi les meilleurs, et avait souvent écouté avec étonnement les mots bien trop grands qui sortaient de sa bouche. Attunga cherchait à se grandir à travers les exploits des autres et, enfant, il s'était toujours fait valoir aux dépens des autres. Heq avait souvent dû s'interposer lorsque Attunga et ses frères taquinaient Tyakutyik à cause de sa double nature ou parce que son harpon était retombé sans force de la nuque d'un morse. Il avait plusieurs fois été obligé de se battre avec les frères et avait dû ravaler bien des souffrances avant de les surpasser en force et en rapidité.

Heq savait qu'Attunga ne possédait pas en lui ce qui est nécessaire à un chaman. Il connaissait ses pensées et savait que la tête d'Attunga était gonflée de soif de pouvoir, ce qui, en plus de manquer de modestie, était franchement bête.

L'invocation avait échoué parce qu'Attunga n'avait pas ses propres esprits-assistants et qu'il ne connaissait pas encore la force terrifiante des puissances. Il s'était approprié une connaissance superficielle de la sorcellerie comme *angakkagjartoq**, élève de son oncle, mais ne serait jamais qu'un mauvais *ilisiitut**, un sorcier ne possédant que la force de pousser ses esprits-assistants à accomplir de mauvaises choses. Cependant, cela le rendait dangereux pour les hommes qui ne connaissaient rien à la magie.

C'est pourquoi personne ne rit d'Attunga lorsqu'il quitta la couche sans un mot. Dans le couloir, il se retourna et jeta à Heq un regard plein d'hostilité.

Cette nuit-là, Heq quitta le camp et marcha vers les montagnes basses de la côte. Il passa Kigiktuvik à l'aube et s'enfonça dans les ravins déserts où les hommes ne s'aventuraient jamais, parce que les vents y étaient possédés et mortels. Arrivé dans le ravin le plus éloigné, il trouva une petite grotte aux parois de glace, dont l'entrée donnait sur la lumière du jour finissant. Son corps réclamait chaleur et nourriture après la longue marche, mais son cerveau refusait d'obtempérer aux exigences du corps. Il demeura dans la grotte pendant trois lunes, une période qui allait devenir la plus importante de sa vie.

Les premiers jours, il ne dormit point, habité par la colère. Il dirigeait ses pensées vers la haine et la ressentait comme quelque chose qui gonflait son corps, comme s'il allait éclater, et qui le faisait transpirer énormément. Sa colère était tournée contre Attunga, contre les puissances et contre sa propre ignorance. Il sentit que sa haine engendrait l'envie de meurtre et que cette envie de meurtre se déposait comme une sensation bénéfique, qui lui titillait l'intérieur des cuisses près de l'aine. Il renfermait en lui beaucoup de haine et de colère et cela prit longtemps avant que son esprit ne fût purgé de pensées et qu'il le sentît vide et pur.

Jour après jour, il resta assis dans la grotte sans voir ni les murs glacés ni le rai de lumière grise qui apparaissait et disparaissait. Il assouvissait sa soif en léchant la glace des parois et sa langue laissait des traces sanglantes sur la roche rugueuse. Il commençait à sentir des douleurs aux articulations et était secoué de temps en temps par de violents frissons. Mais il tint bon, attendant la grande clarification.

Lorsque la lune se rétrécit pour la deuxième fois, il se leva et resta debout, titubant, pour tester la force de ses jambes. Quand elles purent le porter, il quitta la grotte et avança dans l'obscurité, dans une direction qu'il ne décidait pas lui-même. Sa tête était remplie de visions et il sentait, sans pour autant le penser, qu'il était en route vers l'initiation.

Lorsque la lune recommença à dévoiler sa lumière pâle sous la forme d'un *ulo*, le couteau des femmes, il atteignit une faille dans la roche de la montagne. Là, il s'assit et sortit la pierre à frotter que lui avait offerte Orulo. Il repoussa la neige dans la faille et se mit à frotter la roche froide, usée à blanc par le vent et la glace. Il prononça à haute voix la formule magique qui devait faire apparaître l'esprit-assistant. Il continua à dire les mêmes mots. De temps en temps, il se penchait et fixait les profondeurs de la faille.

Il frotta sans interruption pendant une nuit et un jour. Ses bras étaient raides de froid et ses mains couvertes de blessures. Ses mouvements devenaient plus lents et plus rigides, et de temps en temps une ombre pesante se couchait sur lui, le faisant vaciller comme un lièvre touché à mort. Sa voix devint chuchotante et presque inaudible, mais il continua à parler vers la faille. Enfin, il reçut une réponse. Il se pencha un peu plus et écouta. C'était comme si ses sens lui obéissaient au-delà de toute limite connue. Il entendit un grognement lugubre et sentit l'odeur âcre d'un ours. Il plissa les yeux en fentes étroites et, là où auparavant il n'y avait eu qu'obscurité, il vit à présent le contour d'un être indescriptible. Celui-ci était entouré d'une pâle lumière mate qui venait de sa propre âme et était renvoyée lorsqu'elle frappait l'esprit-assistant.

Heq se pencha encore un peu plus au-dessus de la faille. Il était attiré vers la bête, aspiré par sa forte odeur. Il tomba, et il ressentit une chaleur brûlante, comme la chaleur qui suit une grande douleur. Et tout à coup, il fut conscient de la douleur. Une douleur multiforme qui transperçait son corps et le divisait. La faim, le froid, la solitude, la souffrance et la sagesse. Tout cela était contenu dans cette douleur, qui aurait eu raison de lui si l'âme au même moment n'avait quitté le corps qui tombait. Il vit son corps tourbillonnant vers le fond de la faille et ressentit une sorte de pitié pour lui. Un corps si misérable, si fragile, lui sembla-t-il.

Il était possédé par l'esprit-assistant, qui se lova comme une coquille protectrice autour de son âme. Il avait reçu l'assistance d'un puissant esprit, un esprit qui de ses innombrables bouches hurlait comme tous les vents réunis. Un esprit qui pourrait l'aider à rejoindre l'homme-lune ou Sedna*, la mère de la mer.

Heq flottait tout à fait sans but dans l'univers. Son âme allait vers une forte lumière qui émanait des esprits. Cette lumière, allumée en lui par les esprits, était sagesse et vérité. Où qu'il regardât, la lumière était là. Au-dessus et au-dessous, à l'intérieur et à l'extérieur. Quelque chose d'incorporel qui était tous les corps. Quelque chose sans nom qui portait tous les noms. Il fut enrobé de lumière et reçut la connaissance. La connaissance de sa propre existence qu'il n'avait jusque-là connue qu'en tant qu'homme. Il était sans limite, car son âme était sans passé. Il comprenait, sans l'aide de la pensée, que la force des esprits serait sienne s'il apprenait la bonne façon de vivre avec eux. Chaque fois qu'il agirait comme homme, il exercerait la magie. Car la pensée naîtrait dans son intérieur et serait transformée en action tôt ou tard. Venus de la lumière, les esprits connus s'avançaient vers lui. Ils se fondaient en une entité, dans laquelle il ne pouvait distinguer que l'esprit-assistant, l'ours noir à la gueule rouge sang grande ouverte. Celui-ci le mena à une tente pointue, un endroit où il était déjà allé mais qui n'était plus inscrit dans sa conscience. Il vit des gens assis autour d'un feu bas et il s'allongea sur une peau comme il n'en avait jamais vu auparavant. Elle avait l'épaisseur d'une peau de caribou mais les poils courts et blancs d'un phoque encore dans le ventre de sa mère. Elle avait une odeur de fleurs de bruyère et dégageait beaucoup de chaleur. Il était couché sur la peau et observait les gens qui ne cessaient d'entrer dans la tente pour venir s'asseoir autour du feu. Ils ne le saluaient pas, faisaient comme s'ils ne le voyaient pas. S'asseyaient simplement en silence et se mettaient à attendre en fixant la terre.

Lorsque plus personne n'entra, il se leva et se déshabilla complètement. Il se réchauffa un moment auprès du feu avant de prendre le costume qu'une vieille femme lui tendait. C'était un costume fait de peaux souples et bien tannées, de différentes couleurs, et constellé de petits hochets faits de pierres et de ce métal qui tombe du ciel. Une fois habillé, il dénoua ses longs cheveux, retira les *labrets** de ses lèvres et l'os qui lui transperçait la narine. Il regarda les braises du feu avant de se pencher en avant et de saluer les quatre directions. Puis il remplit sa bouche de l'eau du broc que lui tendait la femme et en aspergea les personnes assises. Tout cela, il l'accomplit. Tout cela, il l'avait accompli depuis toujours.

Le feu s'éteignit et il sentit le froid brûler son corps. Les souffrances revinrent comme un lourd fardeau et il gémit sous leur poids. Puis le tambour résonna et lorsqu'il écouta, il entendit sa propre voix chanter des mots qu'il ne connaissait pas.

Æja sjama sjama quagaturaq i pene qlengœ
ja angane qlengeja an
*jo je vene e ge ge jo ganjaje jae ja qaje ja**

Lorsqu'il se tut, la tente se remplit de sauvages clameurs d'oiseaux. Le tambour tapait maintenant quelque part à l'extérieur de la tente. Comme s'il était frappé loin du camp. Mais très vite le bruit se rapprocha. Assourdissant, violent, insoutenable. Les hochets et les sonnailles cousus dans le costume cliquetèrent et sonnèrent lorsqu'il se mit à danser, et il poussa de hauts cris. Les gens effrayés baissèrent la tête. Un tonitruant fracas du tambour apporta le silence.

Cela se répéta plusieurs fois jusqu'à ce que le tambour le ramène au chant des esprits. A ce moment-là, l'esprit-assistant apparut. Un grand ours tout noir qui grognait avec fureur contre l'assemblée. Il surgit avec une soudaineté si terrifiante que personne n'eut le temps de crier.

Heq dansait. Sa danse devenait de plus en plus sauvage. Ses longs cheveux frappaient son dos et sa poitrine, et ses yeux chaviraient comme ceux d'un mourant. De l'écume se formait sur ses lèvres, et il ressentait le costume comme la peau de bête des ancêtres, en ces temps lointains où tout n'était qu'obscurité. Il était hors de lui-même et devint un avec la sagesse infinie de Tornarssuq*. Il fut happé par son esprit-assistant et comprit tout ce qui était inexplicable sur terre. Il acquit la connaissance sur la double nature de Tyakutyik en s'identifiant à l'élément féminin qui le remplissait. Il devint Tyakutyik, il était Heq, un avec l'esprit. Et il dansait au-dessus des braises et criait aux hommes, dans une langue qu'ils ne comprenaient pas, qu'ils ne devaient pas avoir peur. Mais ils avaient peur, car personne ne le comprenait. La peur était la vie, parce qu'ils ne la connaissaient pas. C'est pour cela qu'existaient les tabous. Ils craignaient la vie et la mort. Ils craignaient la douleur et la maladie, la misère et le froid, la terre et la mer et l'air. Ils craignaient les morts et les vivants et les âmes des animaux tués. C'était ainsi et cela serait toujours ainsi. Il n'y avait rien à croire, et c'était cela la réponse à tout. Empli de cette connaissance, Heq dansait et chantait. Il avait reçu la sagesse parce qu'il avait été silencieux dans le silence, parce qu'il avait habité la grande obscurité et s'était laissé envelopper par la solitude. C'était là son avenir. Être seul parmi les hommes. Le son du tambour était le langage des esprits, le cognement du sang dans les veines. Il entendit le grondement de l'ours et sentit trembler les parois de la tente. Il fut soulevé vers le trou d'aération par les bruits de son esprit-assistant, flotta au-dessus du feu et vit d'en haut tous les visages terrorisés. Un sentiment d'humilité l'envahit. Il était le plus petit et le plus grand. Le plus fort et le plus faible, le plus courageux et le plus lâche. Il était tout, il faisait un avec les puissances du ciel et de la terre.

Rapidement, il fut aspiré par le trou et poursuivit le voyage de l'âme dans l'espace vide. Il était suivi par Erqungaleq*, l'esprit à la bouche tordue, qui pouvait l'aider à repousser l'homme-lune, et par l'esprit interrogateur Aperqit*, qui l'assisterait contre les maladies et l'enlèvement des âmes. Il sentait la présence d'Angiut*, le petit esprit-assistant qui s'incarnait dans un phoque, et qu'Attunga avait essayé d'amadouer. Au-dessus de lui filaient les monstres bestiaux, appelés Qimarhat*, ces esprits qui provoquaient la peur, et qu'on dénommait par les mots *ongaa* ou *amoo*.

Heq continua à chanter. Il était la voix de Tornarssuq, et son corps, d'innombrables yeux qui voyaient de tous les côtés. Il était Heq, petit-fils du grand Heq et fils de l'Inuit Shanuq et de l'Itqiliit Shapokee.

Le voyage de l'âme se déroulait hors du temps, et Heq ne sut pas s'il avait été absent un instant ou pendant plusieurs sommeils. Il revint à lui au pied de la montagne, près de la profonde faille, et il ressentit la fatigue et la soif. Ses membres étaient douloureux. Il resserra la fourrure autour de lui, se coucha contre une congère de neige et s'endormit.

Lorsqu'il se réveilla, il découvrit que ses cornées avaient gelé et qu'il était aveugle. Il concentra ses pensées sur ce qui était arrivé et se sentit rempli de force et de reconnaissance. Il contraignit son corps torturé à sortir de la congère, força ses jambes à le porter et se mit lentement en marche vers la toundra, en laissant ses pieds suivre les vagues que le vent du nord avait dessinées dans la neige. Il n'accorda pas une pensée à la perte de sa vue, complètement absorbé par le voyage, qui avait été rendu possible par la longue préparation. Les yeux appartenaient au corps et n'avaient de valeur que dans la vie terrestre. Il était invocateur d'esprits, pas *ilisiitut* comme Attunga et son oncle. Il possédait un puissant esprit-assistant, l'ours noir, il avait parlé avec la voix de Tornarssuq et serait maintenant l'intermédiaire entre les membres de sa tribu et les puissances du ciel et de la terre.

Il fut accueilli par Orulo à une bonne distance du camp. Le vieux chaman construisit un igloo et posa une décoction de plantes séchées sur les yeux de Heq. Ils ne parlèrent ni de compagnons, ni de chasse ou de femmes, comme cela se fait d'habitude quand des hommes se rencontrent sur la toundra. Dans l'ensemble, ils parlèrent peu, car Orulo savait ce qu'avait traversé Heq et le savait encore possédé par le voyage avec les esprits.

Un jour, alors qu'il changeait la décoction sur les yeux de Heq, le vieux donna à son élève quelques recommandations concernant la guérison des maladies.

— Ta mère a vécu longtemps chez les Hommes-Chiens, dit-il. Elle en sait plus sur les maladies que moi. Elle connaît des médecines qui sont utilisées par d'autres hommes à d'autres endroits.

— Elle était esclave, dit Heq, comment s'est-elle approprié ces connaissances ?

— Ta mère était la fille d'un célèbre invocateur d'esprits, répondit Orulo, peut-être le plus grand qui ait vécu.

Tu portes son nom et il vit en toi. Ton père, que tu ne connais pas, était un grand guérisseur, d'un peuple qui a toujours été l'ennemi des Inuit. Il était grand parmi les siens et aurait été grand parmi nous, si les choses avaient été autrement.

Heq comprit qu'il n'était pas seulement inuit mais aussi itqiliit.

Il demanda :

— Comment m'a-t-il été possible d'invoquer les esprits des hommes alors que j'ai en moi du sang d'Homme-Chien ?

Orulo sourit.

— Que sont les esprits des hommes ? Qui possède les esprits ? Les Inuit ?

Il secoua la tête.

— Les esprits ne sont jamais découverts par ceux qui les ont créés. Seul celui qui a la sagesse connaît la nature profonde des esprits. Il ne vit pas avec eux, il est à l'intérieur d'eux.

Il observa les yeux aveugles de Heq.

— Il m'appartient de te demander qui est ton esprit-assistant.

Heq répondit gravement :

— Tara Itualuk*. Celui qui est sans ombre.

Le visage d'Orulo exprima l'étonnement, lorsque Heq ajouta :

— Tara Itualuk était noir.

Aucune autre parole ne fut prononcée entre eux ce jour-là. Orulo découpa un morceau de glace du mur et le fourra dans sa bouche, où il le laissa fondre. Puis il s'allongea sur la couche à côté de Heq, rabattit son capuchon sur son visage et s'endormit.

Lorsque Heq revint au camp, il voyait à nouveau. Personne ne l'accueillit mais tout le monde remarqua son retour. Et il était clair que ses compagnons avaient un peu peur de lui parce que visiblement il avait, lui, le premier-né de Shanuq, été dans l'intimité de tout ce qu'ils ne comprenaient pas et que, pour cette raison, ils craignaient.

La haine d'Attunga s'attisa lorsqu'il comprit que Heq avait atteint ce que lui-même désirait si ardemment. Mais il cacha sa haine, afin qu'elle ne soit pas perceptible par les autres.

3

Shanuq avait beaucoup voyagé. Ses jambes l'avaient portée sur d'infinies distances. Depuis le sud du grand fleuve jusqu'aux forêts épaisses du peuple kutchin, des forêts jusqu'à la toundra et enfin jusqu'aux grandes plages de la côte. Elle avait vu et elle se souvenait.

Elle aimait beaucoup la longue plage près de Nunaqtyak. La côte était déserte mais d'une variété incroyable. Beaucoup de bois flotté était rejeté là par la mer et on pouvait également avoir la chance de trouver des animaux morts, que l'on pouvait manger ou utiliser pour des amulettes. Il était reconnu que les amulettes possédaient plus de force lorsqu'elles provenaient d'un animal qui n'avait pas été tué par les hommes. Le long de cette même plage s'élevaient également cinq montagnes en forme de huttes. Celles-ci étaient fascinantes, comme si elles étaient apparues par magie, et Shanuq se rendait souvent à la mer pour se remplir les yeux de la beauté de ces hauteurs glacées.

Un jour, alors qu'elle avait décidé de tailler les traits de vie de ses enfants, elle chercha la solitude sur la plage. Elle s'assit à quelque distance des montagnes magiques et les contempla à la faible lumière des étoiles. Qu'elles aient été élevées là par magie, elle en était tout à fait persuadée. Sans doute cachaient-elles quelque chose d'inexplicable et d'intemporel. Elles ressemblaient aux poings d'un esprit prisonnier qui aurait vainement tenté de s'arracher à la terre.

Shanuq baissa son pantalon en peau de phoque et

contempla ses cuisses. La peau brillait d'une lueur jaune mat et les creux affaissés sur l'intérieur disparaissaient complètement dans l'ombre. C'était comme des cuisses de jeune fille, pensa-t-elle avec gaieté, et elle sourit parce qu'elle savait que la faible lumière mentait sur leur âge. En réalité, elle avait de minces cuisses de renard. Du bout de l'index, elle suivit les nombreuses marques de Heq. Chaque trait lui parlait des événements d'une année. Elle se souvenait volontiers de la onzième, l'année où sa voix de petit garçon avait commencé à se casser, perdant peu à peu son timbre clair. Cette année-là, il avait pour la première fois quitté l'habitat pour chercher la solitude sur la toundra.

Elle soupira, leva le regard vers les cinq montagnes aux versants de glace parsemés de pierres, et essaya de retrouver la voix d'enfant de son premier-né. Mais elle n'y parvint pas ; aucun son ne résonnait dans sa tête.

Résolument, elle prit son *ulo* et coupa dans la chair. Avec un bout de bois noirci de suie, elle frotta la blessure, et un large trait gris-noir apparut sur la peau claire. Elle regarda se mélanger le sang et la suie. Puis elle découpa rapidement la marque de Tyakutyik.

Shanuq avait toujours aimé cette saison de l'année où les jours étaient plus fugitifs que les nuits. En général, les grands massacres de caribous étaient terminés et un calme reposant descendait sur le camp après l'installation dans les maisons d'hiver. Tant de souvenirs heureux étaient liés à cette saison. On mangeait beaucoup et avec grande insouciance, puisque les dépôts étaient pleins. Et on faisait la fête, on parlait et on engageait des joutes de chants qui duraient la nuit entière. Elle adorait ces joutes, bien qu'elle-même n'eût jamais compté parmi les meilleures chanteuses. Par contre, elle avait toujours été douée pour chanter dans la bouche d'une autre femme. Cela produisait un étrange son caverneux lorsqu'elle bourdonnait comme une abeille dans la bouche ouverte de l'autre, sur un rythme qui lui rappelait son enfance près de Nunivak.

Après les chasses au caribou, il y avait toujours de

grandes festivités. Mais, cette année, tout était différent. Car l'incroyable s'était produit, les caribous n'étaient pas arrivés. Bien sûr, on avait dépêché des guetteurs en temps voulu, mais cette année le joyeux message de *Tugtuk tikipok**, qui courait d'homme en homme, n'avait pas résonné. Même les animaux éclaireurs qui précédaient toujours le troupeau ne s'étaient pas montrés. On avait envoyé des guetteurs encore plus loin, au cas où les animaux auraient choisi cette année une autre route que l'ancienne. Mais nulle part il n'y avait le moindre signe de l'arrivée des caribous dans la toundra.

On partit à leur recherche jusqu'à la lisière des forêts, si loin qu'on y rencontra les Hommes-Chiens qui, eux aussi, recherchaient désespérément les indispensables bêtes. Il n'y eut cependant pas de contact physique avec les Indiens, les deux parties se repliant dès qu'elles s'apercevaient.

Ce fut une déception pour les Inuit de Nunaqtyak. Mais bien que l'absence des caribous soit censée provoquer des difficultés, cela ne prendrait pas la dimension d'une catastrophe. Le plus sensible serait le manque de peaux puisque les caribous en cette saison avaient de longs poils, bien adaptés à la confection de pantalons et de chaussettes. La viande, on pourrait s'en passer, même si elle était bonne, et même si la graisse de caribou était utile pour les lampes. Comme la mer avait été généreuse, on n'aurait pas à souffrir de la faim. La glace s'était formée tôt et les trous de respiration des phoques étaient faciles à découvrir sur la nouvelle glace, où aucune irrégularité ne les cachait.

La chasse aux animaux marins ayant été bonne, Orulo avait proposé que l'on en mette une partie en dépôt le long de la côte nord. Mais la proposition avait déclenché un certain mécontentement, et plusieurs chasseurs, parmi lesquels se trouvait Attunga, avaient refusé de mener les lourds traîneaux de viande au nord. Aussi beaucoup de dépôts furent-ils placés près de l'habitat. La plupart des étendoirs à viande étaient bourrés de sacs de graisse et de phoque, si près des maisons que même les enfants pourraient aller chercher des provisions au cours de l'hiver.

De l'avis général, les caribous avaient déserté le pays des hommes en raison de la violation de certains tabous. On tint conseil avec Orulo, mais il se montra d'un avis différent : pour lui, les animaux avaient choisi cette année de passer par des chemins que les hommes ne connaissaient pas. C'était quelque chose qui arrivait à chaque génération et qui était rapporté dans les vieilles sagas.

Chez les Itqiliit des forêts, au sud de la toundra, l'absence des caribous se faisait plus cruellement sentir. Là, la chasse aux animaux de mer ne se pratiquait pas et l'on dépendait entièrement des troupeaux de caribous qui descendaient du nord chaque année. Aussi de grands groupes de Dene*, de Dogrib et de Kutchin, qui campaient bien au sud de Nunaqtyak, commencèrent-ils à souffrir de la faim. Ils se rabattirent sur les animaux sédentaires de la forêt, mais ceux-ci étaient trop peu nombreux pour nourrir toutes les bouches. Lorsque la neige commença à tomber et que l'obscurité s'abattit lentement sur le pays, tout le monde portait déjà les stigmates de la faim dans le corps. Les enfants étaient devenus silencieux et sans pleurs, les femmes affaiblies n'avaient plus de lait.

C'est pourquoi les guerriers s'assemblèrent pour partir au combat pendant qu'il leur restait encore des forces. De grandes bandes prirent la longue route vers le nord pour s'approprier les dépôts des Inuit et d'autres partirent vers le sud-est pour attaquer les paisibles Indiens Peau-de-Lièvre qui vivaient dans les montagnes et ne dépendaient pas de la chasse au caribou.

4

Les Kutchin attaquèrent de nuit. Les premiers cris des guerriers réveillèrent Tewee-soo. Son père bondit, mais une lance le transperça avant même qu'il n'ait eu le temps de saisir une arme. Tewee-soo se laissa rouler de la couche et se glissa rapidement sous le bord inférieur du tipi. Dissimulée par l'obscurité, elle courut à travers le terrain découvert jusqu'à la forêt. Dans l'épais sous-bois, elle resta un moment couchée, écoutant le bruit sinistre des massues contre les corps et sentant flamber en elle une violente haine contre les Indiens Kutchin.

Vêtue seulement de ses sous-vêtements en peau de cerf souple, elle se faufila à travers la forêt jusqu'à la montagne. Arrivée à une bonne distance au-dessus du camp, elle s'allongea sous un palier de roche afin de ne pas être repérée par les corbeaux, qui l'auraient immédiatement dévoilée à grands cris.

Lorsque la première lueur grise du jour tomba sur la vallée, elle vit les guerriers étrangers s'en aller, chargés de peaux et de lourds sacs de provisions. Elle savait qu'il ne resterait aucun survivant, les Kutchin ne faisant presque jamais de prisonniers.

Tewee-soo regagna prudemment le campement. Elle s'efforça autant que possible de ne pas regarder les morts qui, traînés hors des maisons, avaient été mutilés. La plupart des hommes, parmi lesquels son père et ses frères, avaient été éventrés, car les Kutchin récupéraient le foie et le cœur qu'ils mangeaient crus pour gagner des forces. Elle rassembla rapidement quelques peaux de caribou, un couteau en dent de castor, et regagna la montagne en courant.

Elle se mit à marcher vers le nord. Franchissant la montagne, elle atteignit des couloirs de vallées dont elle avait entendu parler par certains de ses parents, mais qu'elle n'avait jamais vus. Elle suivit des rivières gelées et passa au-dessus de lacs glacés, dont la neige givrée portait des traces de cerfs et d'élans. Les premières nuits, bien qu'ayant deux peaux de caribou entre lesquelles se glisser, elle souffrit beaucoup de faim, de fatigue et de froid. Mais elle poursuivit vers le nord. Car elle se souvenait que des parents de sa mère avaient quitté les forêts pour s'installer près du grand fleuve qui mène à la mer.

Tewee-soo avait vécu toute sa vie dans les forêts. Là, elle n'avait pas peur. Mais lorsque, du haut d'un plateau nu, elle vit la toundra pour la première fois, elle fut saisie d'angoisse. Aussi loin que portait son regard, la plaine déserte s'étendait, coupée seulement par un large cours d'eau qu'elle prit d'abord pour la mer. Ce ne pouvait être que le royaume des morts, car tout y était sans vie. Même les petits bouquets de pins rabougris qui s'accrochaient aux berges du fleuve étaient figés par le froid et en partie recouverts de neige. Épuisée, elle s'assit pour mourir.

Pendant un jour et une nuit entiers, elle resta là, attendant la mort qui refusait de venir. Au début, elle avait pleinement conscience du paysage effrayant mais après un certain temps, ce fut comme s'il glissait derrière ses yeux, ne laissant qu'un vague brouillard mouvant, qui prenait la forme d'animaux qui attaquaient. De grands loups gris aux dents découvertes et aux yeux verts et flamboyants, d'énormes élans mâles qui cherchaient à déchiqueter son corps de leurs sabots aiguisés comme des couteaux, des gloutons, des pumas, des lynx et des ours. Ils naissaient du brouillard et formaient un cercle grondant et hurlant autour d'elle. Mais elle ne ressentait pas de peur. Car derrière elle se tenait Manito*, le Grand Esprit protecteur. Il avait pris l'apparence d'un loup blanc et, lorsqu'il fit front contre les assaillants, ceux-ci se retirèrent immédiatement.

Tewee-soo essaya de déchiffrer un message dans les yeux du loup, mais à ce moment-là, elle s'aperçut que Manito n'était plus un loup mais un vieil homme à la chevelure luisante comme de la neige fraîchement tombée. Il lui parla.

— N'aie pas peur, car je possède ta vie. Il est heureux que tu m'aies choisi comme maître, car plus aucun esprit ne pourra te faire de mal.

Il s'approcha d'elle et posa une main sur ses cheveux.

— Ces cheveux deviendront aussi blancs que les miens, car tu auras une longue vie. Tu as reçu le nom de Tewee-soo. Aussi ton voyage sera-t-il long. Tewee-soo, « Celle qui est toujours en route ».

Après avoir dit cela, il lui tendit un morceau de chair humaine crue. Tewee-soo s'en détourna avec dégoût.

— Mange, lui ordonna-t-il, et il posa un peu de graisse d'ours à côté de la chair.

Tewee-soo obéit. Elle mangea tout pendant que le vieil homme la contemplait attentivement. Lorsqu'elle en eut avalé le dernier bout, il se leva et se dissipa dans la montagne comme une traînée de brouillard.

Tewee-soo comprit qu'elle aurait à traverser une longue vie avant la libération finale. Elle se releva un peu étourdie, mais elle sentit que la chair que lui avait donnée Manito lui avait rendu des forces. Alors, elle entreprit la descente vers le pays plat et inconnu.

A l'aube, la neige cessa de tomber et rapidement le froid s'intensifia. C'était comme si l'immense voûte du ciel ruisselait sur la plaine déserte en une fine coulée froide, jaune et rose pâle. Au loin, l'horizon flambait sous un soleil invisible, et Tewee-soo frissonna à la vue de ces étendues, sans pouvoir s'empêcher d'en admirer la beauté. Jamais elle n'avait embrassé du regard tant de terres. Son monde s'élargissait, pour soudain inclure la terre elle-même en une pensée d'éternité que, jusque-là, seul le ciel lui avait inspirée.

Ce fut un matin de froid terrifiant. Ses yeux étaient

collés par le givre, son visage et ses cheveux étaient blancs, et son nez brûlait à chaque inspiration. Le soleil avait disparu. Mais à l'est était restée son image, comme un cercle gris perle de lumière pâle qui se répandait sur toute la toundra. Tewee-soo évita de traverser le fleuve gelé. Elle nourrissait en elle la peur des gens de la forêt pour les espaces dénués d'arbres et préféra suivre la voie du fleuve pour essayer de retrouver ses frères de race.

A un moment donné, elle tomba sur une ancienne trace. Non pas celle du traîneau qui lui était familier, mais celle de ces traîneaux qu'utilisent les Kutchin ou les Inuit. Elle examina les deux traces parallèles et vit que le traîneau avait été tiré par des femmes. Ce devait donc être des Kutchin, puisque son père lui avait raconté que les Inuit se servaient de grands chiens voraces comme bêtes de trait. Les traces se dirigeaient vers la mer.

Elle détestait le peuple kutchin. Un peuple méchant et cruel, que même les Itqiliit craignaient. C'était des Indiens comme elle, ils parlaient presque la même langue, s'adressaient aux mêmes esprits, mais c'étaient quand même des ennemis. Elle suivit leurs traces pour ne pas être surprise par eux.

Dès le jour suivant, les traces se séparèrent. Le traîneau poursuivait vers la mer mais les empreintes de quinze paires de raquettes franchissaient les berges du fleuve pour remonter vers la toundra. Tewee-soo suivit les quinze empreintes. Elles ne devaient dater que de quelques jours, puisque les bas tourbillons de neige, chassés par le vent du soir, ne les avaient pas encore effacées. Elle dormit toute la journée, ne reprenant sa poursuite qu'une fois que la lumière du jour eut été totalement absorbée dans le ciel jaune résine et violet sombre. Elle avançait sur la toundra gelée avec ses peaux sur le dos. Ses souples mocassins d'élan étant déchirés, elle les avait entourés de courroies pour maintenir les semelles à ses pieds. S'étant accoutumée à la température, elle n'avait plus froid. Mais elle souffrait de la faim et avait de nombreuses visions.

Quelques jours après avoir quitté le lit du fleuve, elle aperçut les Kutchin. Ils se tenaient sur le sommet d'un petit monticule et lorsque, avec d'infinies précautions, elle s'en approcha suffisamment pour pouvoir les distinguer les uns des autres, elle vit qu'ils s'apprêtaient à se défendre. Un espoir fou l'envahit. Peut-être étaient-ce ses frères de race qui attaquaient. Peut-être avaient-ils entendu parler de l'attaque de son campement et exigeaient-ils la vengeance du sang.

Heq se redressa, flairant la faible brise du sud-est. Il n'y avait rien de particulier, rien que l'air glacé et inodore. Lentement, il tourna la tête vers la lune qui s'élevait derrière l'habitat, au-dessus des collines violettes. C'était comme si l'homme-lune hésitait à se mettre à la poursuite de sa sœur, le soleil. Peut-être s'attardait-il auprès de ses souvenirs, peut-être avait-il de la peine à quitter cette terre aimée où, à l'abri de l'obscurité, il avait couché avec sa sœur. Peut-être était-il un peu honteux d'avoir usé de son corps sans qu'elle se rende compte avec qui elle couchait. Avant que, effrayée, elle ne bondisse vers le ciel, une torche dans la main.

Heq soupira, absorbé par la pensée de la femme-soleil. Depuis combien de temps maintenant était-elle partie ? Et pourquoi bondissait-elle là-haut avec sa torche de tourbe, éternellement poursuivie par l'homme-lune ? Peut-être celui-ci était-il un peu en colère, comme il l'était lui-même. En effet, ses pensées à lui ne couraient-elles pas après Simutaq, cette jeune femme maintenant mariée à Orulo, qu'il avait désirée et que son maître avait exigée pour lui-même ?

Il regarda le trou de respiration au-dessus duquel il se tenait. Le trou recommençait à geler et il espérait que le phoque ne tarderait plus à venir le rouvrir de ses griffes. Dès qu'il s'approcherait, sa respiration, qui commençait sous l'eau, ferait bouger la plume de perdrix des neiges qu'il y avait déposée, et il enfoncerait son harpon dans le trou et le tuerait.

Peu après, il vit la plume se figer dans la glace. Il

s'agenouilla et brisa la fine pellicule avec son harpon. Puis, se relevant, il secoua la neige du bout de peau sur lequel il se tenait.

Heq regarda vers l'habitat. Sous la lumière des étoiles, il pouvait tout juste distinguer les maisons en forme de dôme. Soudain, plissant les yeux, il se laissa tomber en silence sur la glace. Il resta immobile.

Une âcre odeur d'homme l'avait atteint. Une odeur étrangère, quelque chose de sauvage et de cruel. Il regarda sous la frange de fourrure du capuchon et vit des hommes du peuple des raquettes de la forêt. Ils couraient le long de la large muraille de glace de la côte d'un pas glissant et balançant qu'il n'avait encore jamais vu.

Les Kutchin attaquèrent sans bruit. Ils pénétrèrent dans les maisons et tuèrent avec la même soif sanguinaire que le glouton. Heq entendit des cris de douleur perçants et une violente fureur s'empara de lui. D'un bond, il se releva et courut vers l'habitat, hurlant et balançant le lourd harpon d'un côté à l'autre. Les hurlements venus du fleuve firent sortir plusieurs Indiens des maisons, ce qui permit aux Inuit de saisir leurs armes. Orulo sauta par le carreau en intestin, s'agenouilla près du mur et tira des flèches trempées dans le poison de l'aconit. Là où ses flèches tombaient, elles semaient la mort.

Heq fonça dans le groupe d'Hommes-Chiens à une vitesse telle que plusieurs d'entre eux furent renversés. Il frappait sauvagement avec le harpon, fracassant des têtes avec la pointe de pierre comme son grand-père maternel avait autrefois fracassé des crânes d'ours avec sa massue. Et les Indiens reculèrent devant cet homme possédé. Ce qui avait été une victoire se transforma en défaite. Les Inuit se ruèrent hors des maisons, beaucoup d'entre eux terriblement balafrés par les coups de hache, mais tous remplis de l'envie de combattre. Ainsi Attunga avait-il perdu une oreille, et une profonde entaille sur le côté droit de son visage découvrait ses molaires.

Les Indiens abandonnèrent et coururent vers la plage. Orulo arrêta les chasseurs qui voulaient les poursuivre.

— Laissez-les courir, dit-il. Nous les rejoindrons avec les traîneaux et, à ce moment-là, ils seront épuisés et sans volonté de combat.

Il hocha la tête vers Attunga.

— Mets de la graisse sur tes blessures, ça arrête le sang.

Attunga essaya d'ouvrir la bouche mais ne parvint qu'à faire une espèce de grimace comique qui fit éclater de rire ceux qui l'entouraient. Il accepta avec amertume la graisse que lui tendait Simutaq et, lorsque les autres descendirent pour atteler les chiens, il les suivit.

Les Indiens couraient vite. Ils n'avaient aucune possibilité de se cacher sur le terrain découvert et se tenaient en groupe serré. Les Inuit les laissèrent courir, sachant qu'ils pouvaient les rejoindre quand ils le voulaient. Il était important de tuer tous les Hommes-Chiens, afin que le message de l'échec de l'expédition n'atteigne pas le groupe principal des Kutchin.

Les Indiens finirent quand même par abandonner et se réfugièrent sur une petite hauteur. Les Inuit mirent les traîneaux en position, les renversèrent sur le côté pour se protéger des flèches et sortirent leurs grands arcs, construits avec deux sortes de fanons de baleines. Tewee-soo s'aplatit contre la terre gelée, tremblante de terreur. Les Eskimautsik* ! Ces cruels mangeurs de viande crue qui étaient les ennemis ancestraux des Itqiliit. Elle les vit lancer des volées de flèches contre les Kutchin et ce n'est que lorsqu'il ne resta que quelques Indiens debout qu'ils foncèrent sur eux et les achevèrent avec leurs longues armes. Allongée immobile, elle assista à cette tuerie. Elle détestait les Kutchin et souhaitait leur mort. Mais sa terreur des Eskimautsik était plus grande que ne l'était sa haine pour les Kutchin. Elle demeura là longtemps après que les Inuit furent repartis et lorsque enfin elle se sentit en sécurité, elle commença à retourner vers le lit du fleuve.

Au cours de la matinée, elle s'aperçut qu'elle était

poursuivie. Un traîneau remontait rapidement vers elle et, bien qu'elle se mît à courir, elle comprit qu'il allait la rejoindre. Elle jeta les peaux de caribou et s'enfuit, folle de terreur, devant l'inévitable. Elle ne pensait pas à Manito, ne pensait absolument pas, elle n'était absorbée que par la fuite.

Heq ne ressentait aucune joie après les meurtres. Bien que sachant qu'il était nécessaire de tuer tous les Itqiliit, il avait la sensation de quelque chose d'indigne, quelque chose de bien trop humain, qui collait mal avec son initiation. Il se sentait vide et déprimé et était assis en silence à côté d'Orulo.

Les autres chasseurs étaient excités. Surtout Attunga et ses frères. Ils avaient pris un jeune Indien vivant et, au grand amusement de tous, celui-ci courait maintenant attaché au traîneau, titubant et tombant sans cesse.

Au bout d'un certain temps, Heq dit :

— On pense à beaucoup de choses.

Orulo hocha la tête :

— Ce n'est pas tout à fait étonnant.

Un moment s'écoula avant que Heq ne poursuivre :

— Les pensées s'accommodent mieux de la solitude.

— C'est ainsi, répondit le vieil invocateur d'esprits.

Il sauta du traîneau et courut s'asseoir sur celui d'Utaq. Heq quitta la piste et partit vers l'intérieur des terres. Il était assis de côté et laissait ses chiens aller où ils le voulaient. Il regardait le pays gris et infini, sans ligne de séparation entre ciel et terre. Le plus beau pays qu'il eût jamais connu. Il vit tourbillonner les petits fanaux de neige levés par le vent du soir et entendit les patins sans peau crisser contre la terre couverte de glace. Une grande paix l'envahit. Il laissa ses pensées tourner autour du combat, et il se vit lui-même comme un guerrier uniquement possédé par l'envie de meurtre. La haine et la colère contre lesquelles il avait lutté dans la grotte avaient jailli à nouveau, exigeant des victimes. Vivraient-elles toujours en lui ? Ne serait-il jamais capable de les chasser de son esprit ? Car il n'avait pas combattu pour sauver sa vie ou celle des autres. Pas un instant, il n'avait pensé aux femmes et aux enfants, même si ceux-ci avaient besoin de la protection des hommes. L'envie irrésistible de tuer avait été comme une possession ; comme une faim qu'il fallait assouvir.

Il essaya de se concentrer sur la haine qui nourrissait cette ivresse de sang incompréhensible. Mais ses pensées furent interrompues par les chiens qui se mirent à aboyer. Il abaissa son capuchon et regarda dans la direction où ils avançaient. Au loin, une silhouette courait rapidement vers le sud. Lorsqu'il s'agenouilla sur le traîneau pour mieux voir, il découvrit que les chiens étaient revenus vers le lieu du combat, attirés par l'odeur du sang des Indiens tués. Lorsqu'ils passèrent devant la colline aux cadavres, il dut utiliser le fouet pour les forcer à poursuivre le fugitif.

Tewee-soo s'effondra en haletant. Elle roula sur le dos et fixa le ciel gris, les yeux écarquillés. Heq parvint avec difficulté à arrêter le traîneau à quelque distance d'elle. Il le renversa sur le côté pour freiner les chiens excités.

Lorsqu'il s'approcha suffisamment de la silhouette couchée pour voir son visage, il découvrit avec étonnement que c'était une jeune fille. L'angoisse qui luisait dans ses yeux lui fit baisser la lance. Elle était allongée tout à fait immobile, les jambes repliées haut sur la poitrine, et Heq comprit qu'elle s'offrait à lui pour conserver la vie. Il s'accroupit devant elle et la contempla avec curiosité. Ce devait être une Itqiliit. Une femme du même sang que lui. Elle était très différente des femmes de l'habitat. Ses cheveux étaient noirs et longs comme les leurs, mais pas emmêlés et en désordre comme l'étaient en général les cheveux des femmes inuit. Ceux de la fille étaient tressés et maintenus par un bandeau rouge. Son visage était ovale avec de hautes pommettes, un nez droit légèrement busqué et une large bouche aux lèvres serrées. Ses yeux, qui exprimaient l'angoisse, étaient noirs et d'une autre forme que ceux des femmes inuit.

Tewee-soo, qui voyait que l'homme hésitait à la tuer, retira rapidement son pantalon en peau souple pour lui montrer qu'elle n'était pas différente des autres femmes. Elle lui parla, mais il ne la comprit pas.

Heq enfonça sa lance dans la neige. Il s'agenouilla et retourna la fille sur le ventre. Puis il fouilla ses vêtements et ses mocassins à la recherche d'armes. Il trouva le couteau en dent de castor dans un pan de la veste de peau, le jeta au loin et tourna le dos avec mépris. Il regardait du côté des chiens et ses oreilles enregistrèrent trop tard que Tewee-soo s'était emparée de la lance et la plantait dans sa cuisse.

Sans émettre un son, il saisit le manche de la lance et le cassa. Tewee-soo bondit en arrière et courut vers son couteau. Heq fit comme s'il ne remarquait rien. Il prit des deux mains la partie de la lance qui était restée dans sa cuisse et la retira. Ses lances étaient construites pour pouvoir facilement sortir de la blessure, la pointe en silex reposant sur un anneau de stéatite. La blessure saignait pas mal, et il en resserra les bords avec les doigts et essuya le sang sur le devant du pantalon en peau de caribou. Puis il regarda la fille. Elle était debout, le pantalon sur les mocassins et le ridicule petit couteau levé. Elle respirait lourdement et bruyamment.

Heq sourit. Elle avait l'air tellement comique ! Voilà quelque chose qu'il pourrait raconter pendant les longues soirées d'hiver dans les maisons, en étant sûr de provoquer beaucoup de rires. Son sourire rendit Tewee-soo furieuse. Sans tenir compte de la lance cassée qu'il tenait à la main, elle lui sauta dessus, cherchant à frapper son cœur. Il saisit ses poignets et serra jusqu'à ce que le couteau tombe à terre, étonné de la force que pouvaient avoir de si minces poignets. Puis il replia son bras en arrière jusqu'à ce qu'elle tombe dans la neige. Il se coucha sur elle en riant pour faire ce que les hommes ont l'habitude de faire aux femmes qui s'offrent. Il sentit qu'elle tremblait de tout son corps lorsqu'il la pénétra, mais il ne savait pas si c'était de rage ou de peur.

Tewee-soo essaya en se tordant de se débarrasser du corps lourd de l'homme. Elle n'arrivait pas à contrôler ses tremblements et elle serrait les cuisses pour l'empêcher de la pénétrer. Mais Heq la força à s'ouvrir avec les genoux et s'aida d'une main pour faire entrer son sexe. Elle ferma les yeux et ressentit de la honte. Être accouplée à un Inuit était déshonorant. Elle ccssa de trembler, resta immobile et passive, le laissant faire ce qu'il voulait. Lorsqu'il eut fini de se servir d'elle et qu'il se releva, elle resta allongée, les yeux fermés.

Heq ramassa sa lance et la regarda avec chagrin. Le manche était fait d'un bout de bois que Shanuq avait trouvé près de la mer, du bois irremplaçable qu'il lui fallait maintenant essayer de réparer. Il prit le couteau en dent de castor et le contempla. Une bien piètre compensation pour sa lance ! Peut-être devrait-il l'offrir à sa petite sœur Pukiq...

Tewee-soo était allongée là où il l'avait laissée. Elle ne tenta même pas de remonter son pantalon, malgré le froid glacial. Peut-être les Hommes-Chiens ne ressentaient-ils pas le froid de la même façon que les Inuit, pensa Heq, et il s'agenouilla à côté d'elle et toucha sa peau, étrangement brûlante. Il regarda avec intérêt son visage et, lorsqu'elle ouvrit les yeux au contact de sa main, il vit qu'ils brillaient de haine et de mépris.

Une pensée l'effleura et il ne put s'empêcher de sourire. Sa mère avait été esclave chez ces hommes et c'est ainsi qu'il était venu au monde. Cette fille serait son esclave. Avec elle, il engendrerait des enfants du même mélange de sang que lui. Ceux-ci auraient eux-mêmes des enfants, et une nouvelle race d'hommes naîtrait. Il saisit la fille par l'épaule.

— Viens, dit-il gentiment.

Elle lui donna un coup sur la main et détourna la tête. Puis elle dit à nouveau quelque chose dans sa drôle de langue et pointa le doigt sur la lance, puis sur sa propre poitrine.

A nouveau Heq la prit par l'épaule, la forçant à se lever. Elle essaya immédiatement de se recoucher, mais il la maintint fermement. Elle ne l'aida pas lorsqu'il lui remonta son pantalon, resta seulement passive et indifférente. Ce n'est que lorsqu'il commença à la tirer vers le traîneau qu'elle s'opposa. Heq pensa que sans doute elle souhaitait être battue, comme les femmes en ont l'habitude quand un homme trouve son plaisir en elles. Il prit la lance cassée et la battit consciencieusement, ne s'arrêtant que lorsqu'elle commença à saigner de la bouche. A nouveau, il lui demanda gentiment de le suivre en lui montrant le traîneau, et cette fois elle se leva et obéit, à contrecœur et en boitant un peu. Elle fit cependant un grand détour autour des chiens.

A un moment donné, alors qu'ils étaient en route, elle sauta du traîneau et se mit à courir vers le sud. Heq la rejoignit et, afin qu'elle ne recommence pas, il lui attacha une corde autour de la cheville et la laissa courir derrière le traîneau. Chaque fois qu'elle tombait, il s'arrêtait et attendait patiemment qu'elle recouvre ses forces. Il voyait qu'elle mettait un point d'honneur à courir aussi longtemps que possible. Mais pour finir, elle s'effondra. Absorbé dans ses pensées, Heq ne s'aperçut qu'elle s'était évanouie et traînait derrière l'attelage que lorsque les chiens s'arrêtèrent. Il la ramassa et l'installa sur le traîneau avec une peau. Avant de poursuivre, il lui retira ses mocassins et découpa de profondes entailles dans la plante de ses pieds avec le couteau en dent de castor. Ces blessures seraient fort douloureuses pendant toute leur guérison et l'empêcheraient sans aucun doute de se sauver à nouveau. Heq souhaitait garder cette fille étrange et engendrer des enfants avec elle.

Dans l'habitat, les têtes des Indiens tués étaient déjà fichées sur des poteaux afin d'avertir les guerriers ennemis. On avait transporté les Inuit tués hors des maisons, et les femmes étaient en train de ranger et d'emballer, lorsque les chasseurs revinrent. On ne pouvait pas rester à Nunaqtyak, car le reste de la tribu indienne apprendrait vite l'échec de l'expédition. Ils se précipiteraient pour réclamer vengeance et seraient alors si nombreux que rien ne leur résisterait. C'est pourquoi on chargea les traîneaux et, avant même la fin de la nuit, on quitta l'endroit qui avait été un foyer pendant tant d'années.

On voyagea sans interruption pendant trente-six heures, récupérant en cours de route les dépôts qu'avait laissés Orulo dans le Nord. Les chiens tiraient mal parce que le sel qui avait traversé la glace rendait leurs pattes douloureuses et parce qu'ils léchaient trop d'eau salée lorsqu'ils avaient soif. De temps à autre, on s'arrêtait près d'un iceberg pour leur permettre de manger la neige accumulée à ses pieds, à l'abri du vent.

Attunga se servait de l'Indien qu'il avait fait prisonnier comme bête de trait ; il le cinglait de son fouet, au grand amusement de ses frères et des autres Inuit. L'Indien trottait dans son court harnais comme s'il ne remarquait pas les coups.

Heq mit un certain temps à rattraper sa tribu. Ils avançaient sur la mer, où Orulo pensait qu'ils seraient à l'abri des Indiens. Personne ne salua Heq et il n'avait rien à raconter. On remarqua la femme sur son traîneau mais on ne demanda pas qui c'était.

Shanuq vit que c'était une fille de la tribu des Indiens Peau-de-Lièvre et elle s'aperçut que Heq avait entaillé ses plantes de pied, car Tewee-soo boitait beaucoup lorsqu'elle descendit du traîneau pour se réchauffer en courant. Heq semblait content et Shanuq pensa qu'il était heureux qu'il eût trouvé une femme. Peut-être eût-il été préférable qu'elle fût de sang inuit, parce qu'une fille différente pouvait faire naître des exigences chez les autres hommes, exigences auxquelles Heq ne souhaiterait pas se soumettre. Mais Shanuq soupira et repoussa ces pensées. Heq avait pris une femme et c'était bien. Les filles itqiliit étaient actives et habituées aux durs labeurs.

Le prisonnier d'Attunga avait du mal à suivre les chiens. Le traîneau commença à perdre du terrain et lorsque, arrivé à la hauteur du traîneau de Heq, l'Indien vit Tewee-soo, il lui cria quelque chose dans leur langue commune. Mais elle ne répondit pas. L'Indien se mit à tirer plus fort pour se rapprocher d'elle, et Attunga cria alors à la cantonade qu'il valait sûrement mieux rester derrière le traîneau de Heq, puisqu'il était toujours bon pour les chiens d'avoir l'odeur d'une femelle en chaleur dans les naseaux.

Ce même jour, l'Indien s'effondra. Attunga le laissa traîner derrière pendant un moment mais, comme il semblait sans vie, il arrêta à contrecœur les chiens et brisa la tête de l'homme avec sa massue. Il voulut donner le cadavre aux chiens, mais Orulo le lui déconseilla. Les chiens devenaient dangereux lorsqu'ils avaient mangé de la chair humaine.

Ils se dirigeaient vers des îles lointaines où très peu d'entre eux étaient allés. Il avait été inutile de chausser les patins de peaux, car la glace était dépourvue de neige et très glissante. Heq courait à côté des chiens et jouissait de la chaleur qui se répandait dans son corps. Il sentit une petite douleur dans la jambe et, lorsqu'il s'arrêta, ce fut pour découvrir qu'une des fesses de son pantalon en peau de caribou était rouge et son *kamik** plein de sang. Il regarda avec étonnement le bout de cuisse nue et entendit le clapotement du sang dans le *kamik*, un bruit si comique qu'il ne put s'empêcher de rire. Les traîneaux s'arrêtèrent pour que tout le monde puisse participer au rire. Heq se tourna et se retourna pour qu'on vît bien où la lance avait pénétré, tout en riant à en tomber à la renverse. Il cria à Tyakutyik que, grâce à la femme itqiliit, il avait maintenant découvert combien cette lance était sans valeur : incapable de déclencher une vraie douleur, mais seulement une petite sensation de grattement, qu'on avait tout de suite oubliée. Un peu de sang et un trou dans un pantalon, qui devait de toute façon être jeté. Cette lance n'avait été qu'un jouet d'enfant, mais heureusement, elle avait été démasquée par sa femme.

On rit beaucoup, on retrouva la chaleur et on se sentit bien. Et l'on se vit confirmer que Heq avait pris une femme et, qu'apparemment, elle n'avait pas été très facile à apprivoiser.

5

Un homme et deux enfants en bas âge moururent des blessures infligées par les Indiens. On les déposa sur la glace, munis de suffisamment de provisions pour le voyage qu'ils allaient entreprendre vers le pays des bienheureux. Et on poursuivit encore pendant trente-six heures, avant de se décider à monter le camp. Comme il n'y avait pas de neige propice à la construction d'igloos, il fallut provisoirement dresser les grandes et lourdes tentes d'été en peau de caribou.

Les femmes, les enfants et les hommes âgés installèrent le camp pendant que les hommes jeunes allaient à la chasse à l'*utok**, afin d'économiser la viande ramenée des dépôts. La chance voulut que très vite Tyakutyik attrape deux phoques marbrés et fournisse ainsi les casseroles des femmes en viande non gelée. Les phoques rassasièrent tout le groupe qui, après le repas, se mit à dormir.

Seul Heq resta sur la glace. Immobile, il attendait, debout sur une plaque sombre de glace peu épaisse. Il y avait autour de lui beaucoup de trous de respiration gelés et il savait que les phoques reviendraient à cet endroit où la glace était facile à briser.

Pendant des heures, il se tint prêt avec le harpon. Il avait assez froid, n'ayant qu'un peu de liquide amer dans le ventre, et sa bouche et ses sourcils gelaient sous son souffle chaud. Le froid avait éliminé la douleur à la jambe et le sang formait sur le pantalon une dure croûte de glace rose.

Enfin, il entendit un phoque gratter sous la glace. Cependant encore si loin qu'il sut qu'il avait l'intention d'utiliser un des autres trous. Un instant plus tard, il entendit le souffle d'un autre phoque et alors même qu'il se penchait pour essayer de déterminer la direction qu'il allait prendre, la fine membrane de glace du trou au-dessus duquel il se tenait céda. Il vit un petit visage rond et frappa de toutes ses forces avec le harpon.

Le phoque mourut sur le coup. De son couteau de pierre, il lui fit un trou dans la bouche et l'attacha à la glace avec un bout de courroie. Puis il se glissa silencieusement vers un autre trou, où il se mit à attendre.

Lorsque Heq revint vers les tentes, tout le monde dormait profondément. Il s'introduisit dans celle qu'avaient montée Tyakutyik et Orulo et se coucha à côté de Tewee-soo, qui avait posé sa peau près de l'entrée.

Heq demeura longtemps les yeux ouverts. Une grande fatigue l'envahit et il laissa flotter ses pensées.

Elles tournaient autour du combat qui avait eu lieu, autour des ennemis et autour des frères tués, qui circulaient maintenant dans le monde des esprits. Sans doute était-ce une bonne chose d'avoir quitté Nunaqtyak si vite, car personne ne pouvait savoir si les âmes des morts allaient se montrer malfaisantes ou bienfaisantes. Lorsqu'un jour on reviendrait, il faudrait prendre quelques précautions, davantage pour se prémunir contre les esprits que pour se protéger des Indiens.

Ici, sur la glace, on était en sécurité. Ici, il n'y avait aucun ennemi humain, rien que des bêtes sauvages et des esprits errants qui pouvaient être conjurés. Il y avait aussi de la nourriture pour tout le monde, en tout cas jusqu'à ce que la neige se mette sérieusement à tomber.

Les membres de Heq bourdonnaient agréablement de fatigue. Il sentait contre son corps la chaleur de Tewee-soo et perçut à nouveau la douleur titillante dans sa cuisse. Il se tourna vers la fille itqiliit, dont il ne savait pas encore le nom, posa un bras sur son ventre et s'endormit.

On dormit longtemps. Jusqu'à ce que les nourrissons

se réveillent, réclamant leur dû. Les mères les mirent au sein pour les faire tenir tranquilles, mais les enfants un peu plus âgés avaient été réveillés. Dès qu'ils se levèrent, ils réalisèrent où ils se trouvaient. Rien n'était plus excitant pour les enfants que la vie en voyage.

Quelques garçons sortirent de la tente mais aussitôt après, ils revinrent en poussant des cris stridents.

— Itqiliit ! Les Indiens ! hurlaient-ils.

Les hommes se réveillèrent tout à fait. Ils bondirent de la couche et saisirent leurs armes.

Tyakutyik secoua Heq :

— Réveille-toi, Heq, les Hommes-Chiens nous ont trouvés ! cria-t-il dans tous ses états.

Heq ouvrit avec difficulté ses paupières alourdies.

Il regarda le visage de son frère et sourit.

— Laisse-moi dormir, murmura-t-il. Ça peut être dangereux de réveiller un homme endormi.

Tyakutyik enfila sa cotte par-dessus la tête. Et, jetant un regard d'incompréhension à son frère, il sortit de la tente.

Peu après, les chasseurs revinrent auprès des femmes effrayées, suivis de deux garçons aux oreilles basses. On jeta des coups d'œil vers Heq qui dormait mais on resta silencieux et grave. Hochant la tête, Orulo retira sa cotte en défense de morse. Sa jeune épouse Simutaq l'interrogeait du regard. Et soudain, il éclata de rire. Les autres chasseurs rirent aussi. Ils rirent tellement que Heq se réveilla, et leur rire était si contagieux que peu après lui aussi riait.

— Onze... debout... à peine à un jet de harpon du camp, rit Orulo.

— Vous les avez tués ? demanda Simutaq en chuchotant.

— Ils étaient déjà morts, rigola Pamiuq, un chasseur réputé pour son adresse.

— Morts ?

Les femmes le regardèrent, étonnées.

— Attunga a tiré deux flèches empoisonnées. Mais il

a eu la chance de ne pas les atteindre ! hurla Upik, le cousin de Pamiuq.

Alors, Orulo expliqua. Raconta ce qu'ils avaient trouvé en sortant de la tente. Onze silhouettes que, dans la semi-obscurité, eux-mêmes comme les garçons avaient prises pour des hommes. Elles se tenaient en demi-cercle à une petite distance du camp et Attunga, que tout le monde savait être un grand guerrier, avait tiré deux flèches, cependant sans succès. Peut-être son oreille manquante avait-elle gêné sa vue ou bien la blessure de sa joue avait-elle tiré un de ses yeux vers la bouche...

Attunga jeta au vieux chasseur un regard enflammé de rage mais omit de répondre. Orulo poursuivit :

— Les silhouettes ressemblant à des hommes formaient un cercle, et ce n'est que lorsque Attunga les a attaquées avec grand courage que nous avons découvert que c'étaient onze phoques dressés sur leur arrière-train.

Cette fois, les femmes se joignirent au rire. Moqueuses, elles regardèrent Attunga, connu pour sa grande gueule lorsqu'il s'agissait de ses propres exploits. Attunga regarda Heq avec haine.

— Le chasseur qui a attrapé ces phoques était sans doute si affaibli qu'il n'avait plus la force de les porter jusqu'au camp, dit-il d'une voix rauque. Peut-être aurait-il mieux fait de demander de l'aide à ses frères.

Heq hocha pensivement la tête.

— Peut-être bien. Mais ces petits phoques, qui s'étaient laissé prendre très gentiment, avaient envie de jeter un petit coup d'œil sur les environs, avant d'être mangés. C'est pourquoi on les a mis debout, en crachant un peu de neige fondue sur leurs pattes arrière, pour qu'elles gèlent sur la glace.

Son regard passa d'Attunga à Orulo.

— En effet, ce n'est pas inhabituel que des hommes poursuivis postent des guetteurs à la vue perçante pendant que les autres dorment.

— Aucun Homme-Chien ne se risquerait sur la glace, grommela Attunga.

— C'est vrai, dit Heq. Mais nous avons laissé beaucoup de morts dans l'habitat. Et qui peut dire où sont maintenant leurs âmes ?

Orulo s'assit à côté de Simutaq.

— Tu as posté onze guetteurs pendant que nous autres dormions.

— On a pensé que c'était mieux ainsi.

Heq se recoucha dans les peaux pour reprendre son sommeil interrompu.

On alla chercher les phoques et peu après, les casseroles bouillonnaient d'écume et de graisse odorante. On donna aux chiens les intestins et ce dont par ailleurs on pouvait se passer. Et même Heq interrompit à nouveau son sommeil pour dévorer le *kujeq** que sa mère lui tendait. Il mangea avec voracité, but un broc entier d'eau et se rendormit.

Les hommes ont une capacité étonnante à s'adapter. Et tout particulièrement les hommes du Nord. Pour le petit groupe d'Inuit, la vie nomade était aussi naturelle que la vie sédentaire. Seule Tewee-soo, dont la vie entière s'était écoulée au même endroit dans les forêts, avait du mal à se faire au campement primitif. Les Inuit ne s'inquiétaient de rien tant qu'ils avaient de la viande à manger et des lampes pour l'éclairage et la cuisine. Aussi ce ne fut que lorsque les grandes chutes de neige commencèrent que l'on se mit à parler de camp d'hiver. Quelques-uns des chasseurs se rendirent à terre pour trouver un endroit adapté.

A la grande joie de Tewee-soo, Shanuq se révéla parler sa langue, bien qu'avec quelques difficultés. Et par l'intermédiaire de la vieille femme, Heq et elle pouvaient communiquer. Quand les hommes étaient à l'extérieur, les deux femmes s'occupaient aux travaux de couture ou de préparation des peaux. Alors Shanuq racontait ses années chez les Kutchin et Tewee-soo écoutait et comprenait que la vieille femme avait traversé beaucoup de périodes dures et qu'en comparaison, sa propre situation comme esclave de Heq était facile et relativement confortable. Il arrivait aussi à Tewee-soo de parler de sa propre vie.

Elle était née un jour d'été près de ce lac étroit, au bleu profond, qu'on appelle Nonie-e-tué, le lac des loups. Mais cela ne donna lieu à aucun potlatch. Ces fêtes ne célébraient que la naissance d'un garçon, à moins toutefois que la tribu ne se trouve dans une grande aisance. Elle raconta à Shanuq sa rencontre avec Manito dans la montagne, et Shanuq lui confia que Heq était le fils d'un grand homme-médecine et que son grand-père maternel avait été le plus puissant des chamans. Ainsi ces deux-là parlaient-elles à la façon des femmes, et Tewee-soo commença à s'habituer à Heq, parce qu'il était son propriétaire et parce que la vieille femme, qui parlait sa langue, faisait le lien entre eux. Elle devint docile sur la couche. Mais elle riait rarement et n'exprimait jamais de joie à la vie commune, comme cela se fait en général entre époux. Le soir, Heq tâtait sous les couvertures ce corps si différent de celui des femmes inuit. Un corps mince et souple comme celui d'un garçon, même si les hanches étaient rondes et les seins grands et doux. Il remarqua sa réticence à toucher son sexe. Et lorsqu'il interrogea sa mère, elle suggéra que c'était peut-être dû au fait que les Hommes-Chiens avaient coutume d'enlever la peau du bout de l'*usuk** des garçons, afin que le gland soit toujours à découvert. La raison pour laquelle on les faisait souffrir de cette manière, elle ne la savait pas, mais il y avait tant de choses dans l'existence de ces gens qui étaient incompréhensibles. Ainsi Tewee-soo lui avait-elle raconté que, dans son peuple, on fêtait le retour de la lune. Jamais la pleine lune, ni lorsqu'elle diminuait, mais seulement le moment où elle réapparaissait comme un petit copeau jaune sur le ciel. Et ils avaient également la coutume bizarre de retourner auprès d'un mort une année entière après son décès, pour faire la fête. C'était assez intrigant, et un peu inquiétant, puisque tout le monde savait que les morts devaient être laissés en paix.

Tewee-soo était différente. Et plus vite elle apprendrait à vivre comme les Inuit, mieux cela vaudrait. C'est pourquoi Heq lui interdit de sortir quand la lune était toute maigre, et souvent il forçait sa main à le caresser afin qu'elle s'habitue à un membre non coupé.

Pour Tewee-soo, la vie chez les Inuit était surprenante. Beaucoup de choses forçaient son admiration, et surtout leur technique de chasse qui permettait de ramener de grandes quantités de viande au camp. Mais elle s'étonnait énormément des relations entre les gens ; des relations légères, attentionnées, et la plupart du temps très rieuses. Ce peuple avait une facilité étonnante à rire, ce qui venait peut-être des dures conditions dans lesquelles il vivait. La vie dans les glaces était si exigeante qu'on y succomberait sans doute, si on n'avait pas le rire comme arme.

Bien sûr, il y avait également des choses qui la dégoûtaient. Et, en premier lieu, la puanteur dans les tentes et la façon dont on mangeait. Ces gens mangeaient aussi volontiers de la viande crue que cuite, gelée que dégelée, et ils mangeaient avec les doigts, tous dans la même gamelle. Chez elle, dans le peuple kawchodinne, toute la nourriture était cuite sur des pierres brûlantes et servie sur des assiettes en écorce de bouleau.

En ce qui concerne l'odeur, elle lui sembla au début pratiquement insupportable. Surtout lorsque beaucoup de personnes se trouvaient réunies. Les premiers temps, elle avait même la nausée quand Heq se couchait tout près d'elle, mais peu à peu son sens olfactif s'habitua à lui et à l'odeur générale du camp. Il lui fallut cependant longtemps avant d'accepter cette particularité des Inuit. Et cela n'arriva que lorsqu'elle découvrit qu'elle sentait exactement comme eux.

Elle trouva surprenant que ces hommes, qui de tout temps avaient été les plus redoutés par sa tribu, se montrent à la fois gentils et très serviables. Parfois même, elle les trouvait un peu enfantins à cause de leur invraisemblable curiosité et de leur faculté à éclater de rire à tous moments.

En général, Heq se comportait comme ses frères de

race. Mais parfois elle entrevoyait quelque chose qui n'appartenait pas au monde des Inuit. La raison pouvait en être l'initiation dont Shanuq lui avait parlé. Tewee-soo avait parfois l'impression que Heq voyait au travers d'elle et qu'il cherchait tout au fond d'elle Manito, son véritable maître. Il arrivait que ses yeux cherchent les siens. Et lorsqu'elle soutenait son regard, elle se sentait englobée et caressée par quelque chose d'invisible, qui était tout autant à elle qu'à lui. Alors, c'était comme s'il n'était plus inuit, ni elle itqiliit. Ils étaient loin de ces divisions qui occasionnent frontières et hostilité. Mais lorsqu'il la regardait longuement, elle baissait toujours le regard, se dépêchant de s'occuper à quelque chose.

Tewee-soo n'avait jamais connu d'autre homme que Heq. Elle était la fille d'un petit chef et, en tant que telle, elle ne pouvait choisir ses hommes. Heq l'avait prise comme l'aurait sans doute fait l'homme désigné par son père, et même si elle n'éprouvait aucune joie entre ses bras, elle ne ressentait plus de dégoût. Elle pensait souvent qu'elle avait eu de la chance de ne pas avoir été faite prisonnière par les Kutchin. Car ceux-ci traitaient durement les femmes. On lui avait raconté que beaucoup de femmes kutchin tuaient leurs filles à la naissance pour leur épargner une vie d'esclavage. Les femmes chez les Kutchin accomplissaient tous les travaux durs, sauf la cuisine qui était à la charge des hommes. Elles transportaient les possessions de la famille sur de grandes distances, montaient les tentes, ramassaient le bois, préparaient les peaux et ne mangeaient que les restes laissés par les hommes. Elles n'avaient absolument rien à dire, ni dans les affaires de famille, ni dans celles de la tribu. Lorsqu'elles devenaient vieilles, on les étranglait, souvent à leur propre demande. Une vie chez les Kutchin aurait été bien pire que la vie qui l'attendait maintenant.

Cela surprenait beaucoup Tewee-soo qu'il n'y eût pas de chef chez les Inuit. Orulo était le *Riumata*, « Celui qui pense », mais il ne commandait pas. On l'écoutait, puisqu'il possédait le savoir, mais on ne suivait pas toujours ses recommandations. Heq ne se mêlait que rarement aux conseils des anciens, ce qui étonnait Teweesoo car elle avait remarqué que beaucoup de personnes dans le groupe craignaient son pourvoyeur.

Certains chasseurs avaient déjà commencé à parler de revenir à Nunaqtyak, lorsque les traîneaux partis en reconnaissance revinrent. Ils avaient trouvé un lieu approprié à sept jours de voyage, un endroit où la neige était bonne pour la construction d'igloos et où l'on trouvait à la fois bœufs musqués et chèvres de montagne.

Aqilhiaq, l'oncle paternel d'Attunga, objecta que s'ils voyageaient vers le nord, ils ne reviendraient jamais dans leur ancien habitat. Il avait parlé avec ses esprits-assistants et ceux-ci lui avaient conseillé de retourner.

Orulo répondit que, bien qu'il n'eût pas voulu déranger ses esprits-assistants pour une chose aussi banale que le choix d'un camp d'hiver, il était évident qu'il leur fallait poursuivre vers le nord. A Nunaqtyak, les Indiens auraient pillé les dépôts et sans doute aussi détruit les maisons d'hiver. Et même s'il s'avérait possible de passer l'hiver grâce aux animaux de mer, un camp plus au nord serait préférable. En effet, là-haut les bêtes ne connaissaient encore rien des hommes et seraient faciles à chasser. La coutume des ancêtres avait été de voyager de lieu en lieu à la poursuite des animaux et c'est ainsi qu'il faudrait vivre à l'avenir.

Attunga, lui, approuva son oncle.

— Nous vivions bien à Nunaqtyak, dit-il, et nous ne voyons aucune raison de chercher de nouvelles terres. Il en sera comme le souhaite mon oncle.

Alors Heq parla. A voix basse et avec un peu de réticence, il dit :

— On a écouté vos paroles et on ne trouve raisonnables que celles d'Orulo. C'est le droit des Inuit de voyager et c'est pourquoi nous ne devons pas devenir sédentaires comme des Itqiliit. Serions-nous devenus tout à fait différents ? Aurions-nous donc oublié les joies de la vie de voyage ?

Ikaq, le plus jeune frère d'Attunga, répondit :

— Il est bizarre d'entendre Heq parler de vivre comme les Hommes-Chiens. Lui qui entretient une femme du peuple des Hommes-Chiens entre ses peaux et qui a lui-même du sang d'Homme-Chien.

Heq le regarda :

— Qui a parlé de mon sang ?

Attunga répondit à la place de son frère :

— La vérité vient avec le vent, dit-il d'un ton méprisant. Et le vent du pays des forêts, qui est comme un souffle chaud, a chuchoté certaines choses sur Shanuq aux oreilles de ceux qui savent écouter. Il en est donc comme l'a dit mon parent.

Heq fixa le visage d'Attunga. Il sentit la rage monter en lui et les veines sur sa tempe droite gonflèrent, remuant comme de grasses larves sous la peau. Puis il se leva. Se pencha en avant, le regard planté dans celui d'Attunga. Il y eut un silence de mort dans la grande tente. On n'entendait que quelques gouttes tombant parfois du trou d'aération de la tente.

— *Inuk uvanga**, dit-il à voix basse. Il peut être dangereux d'oublier certaines choses, et certaines choses doivent rester ignorées même par un homme qui n'a qu'une seule oreille. Je suis inuit et je respecte les coutumes de mes ancêtres.

Sans se hâter, il se dirigea vers l'entrée. Il resta un moment debout dans l'ouverture, le dos tourné, sans protection. Ses parents le suivirent rapidement. Teweesoo sortit en dernier. Elle n'avait pas compris la conversation mais il lui était clair qu'Attunga haïssait Heq. Pour la première fois depuis qu'elle avait été faite prisonnière, elle ressentit de l'angoisse.

6

On s'installa et on appela le nouvel habitat Nugarssungmiut*. Cinq familles y passèrent l'hiver. Ce furent Pamiuq, sa femme et ses trois enfants, dont un fils adoptif. Utaq, son frère, leur femme commune, et le père de celle-ci. Orulo, Simutaq, son frère Upiq et leurs parents, ainsi que Heq et sa famille. Ces vingt personnes se répartirent dans cinq igloos.

Comparé à Nunaqtyak, il y avait beaucoup de neige à Nugarssungmiut, et l'on put construire de grands et solides igloos. Devant l'habitat, l'étroit chenal, entouré de montagnes descendant abruptement vers la mer, était recouvert d'une grande plaque de glace d'un seul tenant, comme une langue tendue pour lécher la banquise. Les violentes chutes de neige rendaient difficile la chasse au phoque sur les trous de respiration, mais on ne manqua de rien, étant donné que la chasse au bœuf musqué était presque toujours couronnée de succès. En raison de l'abondance de la neige, les bœufs avaient gagné les hauteurs balayées par le vent et, comme ils n'avaient aucune expérience des hommes, ils se laissaient tuer avec beaucoup de bonne volonté.

Cet hiver-là, Pukiq eut ses premiers saignements. Shanuq la maintint à l'intérieur de l'igloo jusqu'à ce que le saignement soit si faible qu'il se voyait à peine sur une peau de lièvre. Puis elle emmena sa fille à la mer, où elle fit un trou dans la glace près de la brèche ouverte par les marées. Un feu de petit bois fut allumé et Pukiq dut en faire cinq fois le tour en courant, complètement nue. Ce qui lui parut relativement refroidissant, vu que le petit feu, alimenté seulement par un peu de graisse et d'os, ne chauffait pas beaucoup.

Après un lavage dans l'eau froide, Pukiq, devenue femme, revint au camp. Et ses frères la saluèrent avec des sourires et des taquineries.

Ce fut un bon hiver, où on parla beaucoup. Tewee-soo avait commencé à maîtriser la langue des hommes, que Tyakutyik lui enseignait avec grande patience. Elle aimait beaucoup le plus jeune fils de Shanuq et comprenait combien il souffrait de sa double nature. Et lorsque Heq lui proposa d'essayer de rire avec lui sous les peaux, elle ne fit pas d'objection, bien qu'il ne fût pas naturel pour une fille kawchodinne de se partager entre deux hommes. Mais les nuits où elle dormit sur la couche de Tyakutyik furent sans joie. Il essaya de la posséder mais n'avait pas la force virile nécessaire. Pour faire plaisir à Heq et honorer son souhait, ils continuèrent cependant à coucher ensemble de temps à autre.

Pendant les longs soirs d'hiver, on passa beaucoup de temps à écouter Orulo et Pamiuq. Tous deux étaient de grands conteurs et savaient comment faire durer une histoire. Shanuq aussi parlait, des temps avant le leur et de ce qu'elle-même avait vécu. Un soir, on encouragea Tewee-soo à parler de sa famille. Et en partie en langue inuit, en partie aidée par les traductions de Shanuq, elle dit :

— Mon père s'appelait Kathuwina et il était l'un des quatre chefs du peuple kawchodinne. Nous vivions derrière les montagnes nommées Le Grand Silence, dans la forêt aux troncs minces, près du lac des loups.

Elle laissa reposer l'aiguille en os avec laquelle elle cousait. Ses longs cheveux noirs formaient comme un cadre autour de l'ovale de son visage et ses cils reposèrent longtemps immobiles sur ses hautes pommettes. Puis, elle ouvrit à nouveau les yeux et regarda Shanuq.

— J'avais deux frères aînés, qui sont morts maintenant, et une sœur.

Elle demeura à nouveau silencieuse, jusqu'à ce que Shanuq lui demande :

— Qu'est devenue ta sœur ?

Tewee-soo recommença à coudre.

— Il est arrivé cette chose inouïe, que ma sœur a donné naissance à un enfant, sans être mariée, dit-elle doucement. C'est une grande honte pour la fille d'un chef, et c'est pourquoi elle tua l'enfant, juste après la naissance, et le cacha derrière le bout de bois taillé que mon peuple utilise comme oreiller. Je n'étais alors qu'une petite fille qui ne comprenait absolument rien. Aussi, quand j'ai découvert l'enfant, tout étonnée, je l'ai montré à mes parents. Ma sœur dut répondre aux questions de mon père et comme dans mon peuple, jamais personne ne ment, mon père apprit qui était le père de l'enfant. Alors mon frère se rendit chez le jeune homme. Il lui demanda de l'aider à ramasser du bois pour un feu mortuaire et ensemble, ils construisirent un grand bûcher. Quand vint le jour où l'enfant devait être brûlé, ma sœur demanda à ma mère d'arranger ses cheveux, afin que tout le monde puisse voir qu'elle n'était pas esclave. Et lorsqu'ils brûlèrent l'enfant, ma sœur sauta dans les flammes pour racheter l'honneur de la famille. Mais le père de l'enfant la tira hors du feu et s'y jeta à sa place. Mes frères essayèrent de tenir ma sœur, mais elle avait acquis une telle force que personne ne put la retenir. Avec un cri dont je me souviens encore, elle courut dans le feu et se coucha sur son amant. Et ainsi brûlèrent ensemble l'enfant, son père et sa mère.

Tewee-soo leva le regard de sa couture.

— Mais Manito les a accueillis, poursuivit-elle. En effet, peu avant la naissance de l'enfant, il s'était mis à neiger énormément. Il était tombé tant de neige que les hommes étaient obligés de sortir par le trou d'aération en haut du tipi, quand ils voulaient aller chasser. Mais après la mort de ma sœur, la neige cessa et la chasse devint plus facile.

Un murmure fasciné s'éleva des auditeurs. C'était une

histoire merveilleuse, que l'on pourrait aisément rallonger encore en posant des questions adaptées.

Shanuq laissa lentement l'histoire la pénétrer et ses pensées s'y attardèrent encore pendant une grande partie de la nuit. Elle comprit que Heq avait choisi une femme qui un jour deviendrait une grande conteuse, et elle se sentit pleine de reconnaissance. Le don de raconter était un des plus grands cadeaux qu'une personne puisse recevoir des esprits, puisque ceux-ci ne pouvaient se faire entendre qu'au travers des conteurs.

Lorsque la lumière revint, le temps changea brusquement. L'air se radoucit, puis il se mit à faire chaud comme en été. Les maisons de neige commencèrent à fondre et devinrent désagréables à vivre. Les murs ruisselaient d'eau et les peaux restaient froides et humides.

Le temps chaud se maintint et de violentes averses de pluie succédèrent à la neige, ce qui pouvait s'interpréter comme un signe que l'on avait suscité la colère de Nuam-Shua. Chose surprenante, cela arrivait au moment même où le froid aurait dû être le plus mordant et où tout aurait dû crisser et craquer sous le gel.

C'était à n'y rien comprendre. Lorsqu'on s'adressa à Orulo, celui-ci, secouant la tête, dit que sans doute on avait offensé ceux qui décident et qu'il fallait attendre leur pardon. Mais il ne fut point question de voyage avec les esprits.

Il plut pendant des jours et des jours, et de grands lacs d'eau douce se formèrent sur la glace. Le ruissellement des eaux creusait la base des congères le long des montagnes et la neige dégringolait en bruyantes avalanches vers la glace du fjord, entraînant terre et pierres avec elle.

Il devint presque impossible de circuler. L'eau tassait la neige, la transformant en piste dérapante. Les chiens glissaient, les pattes affaiblies par l'humidité et déchirées par les bords de glace coupants.

Autour des maisons, où les congères s'étaient amassées, on s'enfonçait jusqu'aux aisselles et il fallait de l'aide pour en sortir. On aurait dit que le magma sous la neige ne lâchait qu'à contrecœur sa victime.

Le temps rendit toute chasse impossible. Les bœufs musqués, qui à cause du redoux cherchaient à regagner les vallées, dérapaient sur les versants glacés et se faisaient dévorer par les loups et les renards avant l'arrivée des hommes. Bientôt, la faim se fit sentir.

Le retour du gel n'améliora rien. Tout fut recouvert d'une fine pellicule de glace qui rendait tout déplacement presque impossible. Aussi, lorsque Attunga et les chasseurs qui avaient passé l'hiver à Nunaqtyak revinrent, ils étaient à moitié morts d'épuisement. On n'avait pas grand-chose à leur donner et la couche de glace interdisait la construction de nouveaux igloos. C'est pourquoi ils durent s'installer dans les vieux igloos détériorés.

Ils racontèrent que les maisons de Nunaqtyak avaient été détruites par les Indiens, la viande dérobée, et que la chasse avait été désastreuse jusqu'à ce que le vieil Aqilhiaq réussisse à adoucir Nuam-Shua au cours d'un voyage avec les esprits. Pour venir à Nugarssungmiut, ils n'avaient pas rencontré de pluie mais ils avaient dû lutter contre un vent du nord glacé. Leurs visages étaient couverts d'engelures, à tel point que certaines des femmes étaient méconnaissables. Nilaq, le frère d'Attunga, avait le bout des doigts tout noir, et Orulo les coupa et les jeta aux chiens.

Les trois familles se répartirent dans les maisons et ce fut ainsi qu'Attunga et sa famille s'installèrent chez Orulo.

Il était impossible de nourrir toutes les bouches. On donnait aux enfants des bouts de courroie et de peau à sucer, et tant qu'il resta de la graisse pour les lampes, on fit de la soupe avec les semelles de *kamik*. Peu après son arrivée, Attunga proposa que l'on tue les plus jeunes des fillettes ainsi que la femme indienne qu'entretenait Heq. Sa proposition fut faite dans la maison de Nilaq, où elle fut bien accueillie. On se rendit ensuite chez Heq afin de la mettre en pratique.

Heq les écouta en silence. Lorsque Attunga eut terminé, il répondit :

— On a bien entendu tes mots et on les a compris. Et on se sent envahi par une étrange lourdeur à entendre tant de bêtises.

Le visage d'Attunga devint noir de rage. La large cicatrice qui barrait sa joue s'empourprait, couleur sang, sous les reflets de la lampe. Du couloir, où il avait parlé agenouillé, il rampa vers le fond de l'igloo, suivi de ses frères, et se planta devant Tewee-soo, le couteau à la main. Il la frappa, mais elle évita le coup et ne reçut qu'une égratignure à l'épaule. Attunga lâcha son couteau avec un hurlement. Une flèche avait transpercé son bras droit juste sous le grand muscle. Furieux, il se tourna vers la couche latérale, où Tyakutyik était agenouillé, avec une nouvelle flèche sur l'arc bandé.

— On n'a pas la chance d'être très adroit au tir, dit Tyakutyik, modestement, mais si cette fois-ci je visais le bras, j'aurais peut-être la joie de toucher le cœur.

Tout le monde dans l'igloo se mit à rire. Car c'était drôle de voir le grand Attunga blessé par un homme en *natit**, qui venait de déposer son travail de couture pour saisir l'arc. Simutaq, qui était assise à côté de Tewee-soo, cria d'un ton railleur :

— Pourquoi est-ce que tu ne la tues pas, *hee hee hee* ?

Les autres femmes dans l'igloo commencèrent aussi à crier *hee hee hee*, et même les femmes à l'extérieur s'y mirent. Attunga se retira rageusement par le couloir et le jour même, lui et sa famille partirent s'installer dans la maison d'Utaq.

Lorsque le soleil réapparut comme un mince flamboiement étiré sur l'horizon, tout ce qui était mangeable avait été dévoré. On avait tué la plupart des chiens, ne gardant que quatre femelles qui attendaient des chiots. Un matin, Orulo quitta sa maison et marcha vers le pâle croissant de lune, à peine esquissé sur le ciel. Peu après, Heq lui aussi quitta le camp. Le vieil invocateur d'esprits marcha toute la journée et Heq suivit ses traces. Le froid fumait devant leur bouche. Ce ne fut que le lendemain, à l'apogée de la lumière grise, qu'ils atteignirent la côte d'où l'on voyait d'autres basses îles ainsi qu'une grande étendue de terre, sans doute le prolongement de l'immense toundra située derrière Nunaqtyak.

Orulo gagna une gorge au fond de laquelle, sous la neige recouverte de glace, se trouvait un large fleuve. Là, il s'assit sur un grosse pierre ronde.

Il ne semblait pas remarquer Heq. Il restait assis, le regard comme fixé sur les dessous de la berge, et Heq comprit qu'il voyait au travers de la terre. Sans faire de bruit, il se plaça derrière son vieux maître et demeura debout, si longtemps que ses jambes et le bas de son corps peu à peu devinrent insensibles.

Quand la lumière disparut, Orulo se leva. De quelques mots brefs, il demanda à Heq de ramasser du bois sec de saule polaire et de bouleau. A l'aide de leurs haches de pierre, ils dégagèrent les bouts de bois de la glace et rapidement ils parvinrent à réunir de quoi faire un grand feu. Mais le vieux ne s'estimait pas satisfait. Il désirait davantage de combustible. Ils y travaillèrent toute la nuit, amassant tant de bois qu'ils auraient pu alimenter un feu de plusieurs jours. Alors seulement Orulo sortit sa vrille à feu et laissa Heq l'actionner jusqu'à l'apparition de braises. Le feu prit en minces flammes bleues et hésitantes qui vacillaient au-dessus de la mousse sèche. Heq, se couchant sur le ventre, souffla avec précaution et Orulo mit un peu d'écorce de bouleau sèche sur la mousse. Lorsque l'écorce rougeoya, il posa des feuilles et des brindilles sur les braises en se gardant de ne pas les étouffer.

Bientôt, le feu brûla et chauffa. La terre au-dessous commença à siffler et de petits ruisseaux d'eau coulèrent sous leurs *kamik*.

Ils continuèrent à l'alimenter, tout en se réchauffant eux-mêmes. Heq ne savait pas pourquoi le feu brûlait, mais il faisait confiance aux compétences d'Orulo et à l'aide qu'il cherchait auprès de ses esprits-assistants. De temps à autre, le vieux enfonçait un bâton pointu dans la terre pour sentir jusqu'où la chaleur avait pénétré.

Ils entretinrent le feu toute la nuit. Ils rassemblèrent encore du petit bois, qu'il fallait maintenant aller chercher loin, parfois si loin qu'on ne voyait le feu que comme une petite braise dans la toundra brune de nuit. Ils revenaient en courant avant que le feu ne s'éteigne.

Le lendemain, à l'aube, Heq sentit une odeur de viande. Étonné, il regarda Orulo et celui-ci hocha la tête en souriant. Il commença à chanter une chanson monotone, que Heq apprit vite. Les mots étaient autres que ceux de la langue inuit et Heq comprit que c'étaient des mots magiques qui faisaient sortir la viande de la terre, et qu'Orulo les offrait à son élève.

Tout en chantant, Orulo se pencha au-dessus du feu. Il repoussa les braises de ses mains nues sans se brûler, enfonça son couteau en silex dans la terre et commença à creuser. Lorsque le couteau ressortit, il le renifla et prononça avec satisfaction quelques mots forts, en remerciement aux esprits. Heq sentit la puissante odeur de viande et s'agenouilla près du feu.

— *Neqe ?* demanda-t-il avec étonnement.

— Le butin des ancêtres, répondit Orulo.

Il planta à nouveau le couteau dans le trou et sortit un gros bout de viande noire et chaude. Il le goûta du bout des lèvres et le tendit à Heq.

La viande avait un goût inconnu. Plus suave que la viande de caribou, plus fort que celle du bœuf musqué et tout à fait différent de celle des animaux de mer.

Ils continuèrent à entretenir le feu jusqu'à ce qu'un cercle grand comme un corps d'enfant allongé soit réchauffé. Puis ils creusèrent la terre avec leurs haches et découpèrent deux grands morceaux dans la viande noire. Ils en mangèrent un peu et revinrent au camp avec le reste.

Seuls les plus vieux du groupe avaient entendu parler de cette sorte de viande. On savait qu'une énorme bête avait vécu parmi les ancêtres, car on s'était transmis l'histoire de génération en génération. Un animal si colossal qu'un homme adulte pouvait facilement se tenir debout sous lui. Avec des défenses comme celles des morses, mais de la longueur d'un caribou mâle, le corps couvert de poils rêches et d'une peau plus épaisse et plus solide que celle des phoques barbus. On l'appelait *kiliwak**, et en ce temps-là, c'était un animal des plus courants.

Shanuq se souvenait que dans sa jeunesse on avait entendu parler de gens qui avaient trouvé de tels animaux géants cachés dans les gorges d'une rivière, et Orulo confirma la véracité de ces dires.

— On nous a raconté, dit-il, que *kiliwak* vivait souvent sous terre. Nos ancêtres les tuaient en envoyant des flèches dans les creux où ils se regroupaient. *Kiliwak* mettait une année entière à mourir des blessures des flèches, ce qui montre que nos ancêtres avaient plus de patience que les hommes d'aujourd'hui. On disait aussi de cette bête qu'elle pouvait voler à travers les airs.

Tyakutyik demanda avec étonnement :

— Comment une aussi grande bête pouvait-elle voler à travers les airs ?

Orulo avala quelques gorgées du broc. Il buvait beaucoup, plus que ne l'exigeait la soif, parce qu'il souffrait de rhumatismes et que l'eau est bonne contre les rhumatismes.

— Personne ne le sait, dit-il. Il y a tant de choses que nous les hommes nous ne comprenons pas. Et c'est bien ainsi. Car s'il n'existait que les événements de tous les jours, il n'y aurait rien à croire.

Fatigué, il s'allongea sur la couche et attira à lui sa jeune femme.

— Dans la terre là-bas, il y a encore de la chaleur qui doit être entretenue. Ce serait souhaitable que plusieurs chasseurs aillent à la recherche de cette viande dégelée. Nous, on a l'intention de se reposer.

Lorsque Heq revint de la fosse à viande, il était très fatigué. Il retira ses vêtements de peau et les secoua avec soin pour en enlever la neige, avant de se coucher près de Tewee-soo. Elle était allongée sur le dos, les yeux bien fermés, mais il pouvait entendre à sa respiration qu'elle ne dormait pas encore.

Il s'allongea sur le côté, contemplant son profil sous la faible lumière de la lampe. Bien qu'il n'y trouvât pas la douce beauté caractéristique des filles inuit, il se sentait fortement attiré par ce visage étroit et étranger. Les hautes pommettes, qui semblaient creuser son visage, le nez fin et busqué, la ligne droite et noire des sourcils sous le front lisse et étroit. Il laissa son doigt courir sur sa joue. Tout doucement, il le fit glisser vers la bouche, sur les lèvres douces et sur le menton. Et il sentit son membre se raidir. Il retira rapidement le petit *natit* qu'elle portait, souleva une de ses jambes et pénétra en elle. Il resta un temps sans bouger, le sexe profondément enfoncé dans son corps chaud et la main pressée sur le pubis de Tewee-soo. Il enfouit son visage dans son épaule pour connaître son odeur et, lorsqu'il commença à bouger en elle, il s'aperçut qu'elle poussait son corps contre le sien, au même rythme que lui. D'abord presque insensiblement, mais peu à peu d'un mouvement circulaire et hésitant, qui rapidement s'adapta au sien. La main de Tewee-soo, qui reposait sur la peau de caribou, vint se poser sur la sienne. Saisissant ses doigts, elle les fourra dans l'humidité de son sexe. Heq comprit que cette position était souhaitable et resta allongé sur le côté au lieu de se coucher sur elle, comme on le faisait d'ordinaire. Il continua à contempler son visage et cela lui fit vivre une grande joie lorsqu'il le vit s'animer. La tête de Tewee-soo bougea lentement d'un côté à l'autre et ses lèvres s'ouvrirent, découvrant ses dents. Puis, pressant plus fermement sa main, elle ouvrit les yeux et fixa le toit de neige arrondi. Elle tendit tout son corps, ses mains vinrent se rassembler sur son membre et serrèrent. Gémissant, Heq enfonça la tête contre sa poitrine et sentit jaillir la sensation de plaisir de ses reins dans son ventre. Il continua à se vider en elle parce que ses doigts l'exigeaient. Et même lorsqu'il reprit conscience, ce fut comme si cette chose merveilleuse continuait. Il se sentit heureux et eut envie de rire. Elle se tourna et regarda son visage souriant. Ses yeux étaient grands ouverts et tout noirs, et il y aperçut un petit sourire fugitif.

Lorsqu'il voulut se retirer, elle le maintint, chuchotant quelques mots dans sa langue, qu'il ne comprit pas mais dont il saisit l'intention.

Il se rapprocha de son corps et, sans le laisser glisser hors d'elle, elle roula sur le côté et se coucha tout contre lui, une jambe sur sa hanche. C'est ainsi qu'ils s'endormirent.

Le mammouth gelé, qui avait reposé dans la terre depuis le temps où les corbeaux étaient blancs, sauva la tribu. Avant qu'on ne l'eût consommé, le temps s'améliora et on put faire des expéditions jusqu'aux endroits où les animaux s'étaient retirés.

On ne souffrit qu'un petit peu de la faim, ce que les chasseurs les plus âgés considérèrent utile, puisque cela apprenait aux jeunes que rien n'était donné et que même de bons chasseurs devaient tenir compte de ceux qui décident. Avant la fin de l'hiver, Tewee-soo sut qu'elle attendait un enfant.

7

Simutaq était allée loin, aussi portait-elle sur le dos un gros fagot de petit bois. Avec cela, elle pourrait alimenter le feu collectif pendant plusieurs jours, si toutefois les femmes ne le faisaient pas flamber trop fort. *Aujaksaq*, le début de l'été, était une belle saison. La chaleur n'était pas encore étouffante et, le corps s'étant habitué aux moustiques, les piqûres ne gonflaient pas autant et ne grattaient plus de façon insupportable. Il y avait encore de grands passages d'oiseaux migrant vers l'est, et elle pensa aux eiders qu'elle offrirait le soir à Orulo. Lui et Heq étaient à la chasse au caribou. Lorsqu'ils reviendraient, elle aurait des peaux d'eider toutes prêtes, et c'est ce qu'il aimait le plus au monde. Elle les avait déjà préparées ; avait plumé les oiseaux et retiré la chair par le cou. Dès qu'Orulo s'annoncerait, elle refermerait les ouvertures avec du fil pour en faire une poche fermée et les jetterait dans l'eau de cuisson. Alors la graisse fondrait, faisant gonfler la poche comme s'il y avait encore de la chair dedans. Et lorsque Orulo s'assiérait près du feu, elle sortirait la poche, déferait le fil du croupion et la tendrait à son pourvoyeur. Il lui sourirait, la complimenterait sur ses talents de cuisinière et porterait la poche à la bouche, pressant délicatement pour aspirer la graisse liquide. Il lui proposerait ensuite de partager mais bien sûr, elle refuserait, pour la lui laisser en entier.

Simutaq était à peine gênée par le lourd fagot, tant ses pensées étaient joyeuses. Elle avait un homme, un homme vieux et sage qui ramenait plus de viande au camp que bien des jeunes chasseurs. Elle suivait à travers la toundra une petite rivière sinueuse, vers le lac auprès duquel on avait installé le camp. Lorsqu'elle atteignit la berge rouge du lac, une silhouette se dressa, lui barrant la route.

Sans un mot, mais avec un sourire qui découvrait les molaires dans son visage défiguré, Attunga saisit son bras et la renversa dans la bruyère. Elle tomba sur le dos avec le tas de bois sous elle. Elle ne poussa pas un cri, ne résista pas lorsqu'il la prit. La sauvagerie et la haine d'Attunga se vidèrent dans ses reins et sa soif de vengeance était si grande qu'ensuite il la saisit par les cheveux et la traîna jusqu'au camp. Il arracha le fagot de son dos près du feu collectif, de sorte que tout le monde puisse voir qu'il venait de prendre une femme. Puis il la poussa brutalement dans sa tente, où elle fut accueillie par les rires de mépris de sa femme et de ses deux belles-sœurs.

Pour Heq, c'était comme si chaque journée d'été était un commencement. La chaîne interminable des sombres jours d'hiver avait pris fin et l'on voyageait à nouveau avec excitation et curiosité. L'été était magnifique et insouciant.

Ils étaient maintenant à plusieurs jours de voyage du camp car, bien que n'ayant pas encore vu de caribous, Orulo les avait perçus. Et ses perceptions se révélaient toujours justes. La même chose arrivait parfois à Heq. C'était comme une sensation, un instinct ou une inquiétude, impossibles à décrire. Il connaissait ça chez les animaux ; les chiens qui soudain contournaient une plaque de glace trop fine, ou les loups qui, à des distances infinies, pouvaient flairer un troupeau de caribous. Il avait senti que cet instinct s'était renforcé en lui après l'initiation et avait compris que l'ours noir, son esprit-assistant, lui permettait de percevoir ce que d'autres auraient jugé impossible.

Heq était heureux, d'un bonheur qu'il ne transposait ni en pensées ni en mots. Il se sentait fort, parce que tout, autour de lui, lui conférait de la force. Il se contrôlait lui-même et contrôlait son environnement.

Et il savait se plier devant Nuam-Shua, la force qui décide de tout, parce qu'il avait baigné dans sa puissante lumière. Les forces qu'il possédait comme invocateur d'esprits donnaient réalité à ce qu'il était comme homme. Seul un abus pouvait les lui faire perdre.

Il suivait Orulo avec tous les sens en éveil. Les semelles de *kamik* laissaient des traces bien nettes sur la terre en dégel où le cassiope dépliait ses premières feuilles et où les saxifrages luisaient comme de petits visages ronds. Soudain, Orulo se ramassa sur lui-même. Heq aussi s'arrêta, restant en attente derrière lui. Mais comme le vieil homme ne se redressait pas, il passa devant et s'accroupit face à lui.

— Va-t'en, chuchota Orulo. Va chercher un caribou.

Son visage semblait torturé et il tomba en avant.

Il resta couché sur la terre. Du sang et de la salive coulaient de sa bouche. A nouveau, il chuchota :

— Va chercher le caribou.

Heq le quitta et continua dans la direction qu'ils avaient suivie ensemble. Maintenant, il percevait nettement le caribou et en atteignant un creux dans le terrain, il vit un jeune mâle à petite ramure, qui semblait l'attendre. Lorsqu'il s'en approcha suffisamment pour voir ses yeux, il vit qu'il s'était préparé à mourir. Le caribou n'émit pas un son quand la flèche le toucha, il plia les pattes de devant comme s'il se couchait pour la nuit, bascula sur le côté et mourut. Un tremblement secoua son corps lorsque son âme le quitta.

Heq ramena le caribou à Orulo, qui était toujours couché dans la même position. Ses yeux ouverts étaient fixés sur le bleu profond du ciel, et Heq comprit que son âme avait été enlevée par sorcellerie. Ce n'est que lorsque la brise du soir souffla qu'Orulo dit d'une voix faible :

— Un puissant *tupilaq** a attaqué.

Peu après, son visage pâlit et il tomba dans un sommeil semblable à la mort.

Heq sut tout de suite qui avait envoyé ce maléfice contre le vieux chaman. Il retira son vêtement de peau et ouvrit sa ceinture. Après en avoir examiné le contenu, il choisit soigneusement ce qui allait lui servir à réaliser un tueur. C'était comme si Orulo parlait à travers ses doigts ; ceux-ci choisirent un bout d'os de phoque, des poils de l'aine d'un ours et une plume de queue de corbeau. Délicatement, il détacha un peu de mousse et la posa à côté des objets choisis. Puis, rapidement, il dépiauta le caribou, retira des bois la moelle tendre, découpa un bout de la peau du poitrail, dont il gratta les poils au couteau. Il se mit ensuite à rassembler tous les éléments à l'aide d'un bout d'intestin, en ne s'aidant que du pouce et de l'index. Cela lui prit longtemps de confectionner le vengeur. A la fin, il remplit le corps de viande fraîche et de petites pierres, entoura de peau l'os de phoque et posa de la mousse sur le dos du personnage. Lorsqu'il eut terminé, prenant le *tupilaq*, il commença à le frotter contre ses parties sexuelles, tout en prononçant à voix basse les mots magiques qui devaient lui donner vie. Il continua à frotter en un rythme régulier et lorsque enfin il sentit la vie du sexe pénétrer lentement dans le *tupilaq*, il gémit d'épuisement. Orulo était toujours inerte quand Heq s'effondra à ses côtés pour laisser ses pensées diriger le tueur vers son but.

Attunga avait pris la femme d'un autre. Cela n'avait rien d'inhabituel et personne dans le camp ne fit d'objections. Seul Orulo avait le droit d'exprimer son mécontentement, ce qu'il ferait sans aucun doute si Attunga ne lui rendait pas sa femme. Par contre, il serait ridicule qu'il se mette en colère parce que Attunga avait couché avec Simutaq. C'était chose faite, et cela ne devait donc pas provoquer d'hostilité. Cependant, on attendait avec excitation le retour du vieil invocateur d'esprits.

Attunga n'avait nullement l'intention de rendre Simutaq. Il fit savoir à grands mots qu'elle avait maintenant changé de pourvoyeur et qu'elle avait exprimé sur la couche sa satisfaction à être la femme d'un jeune homme. Ses deux frères se pavanaient dans le camp, racontant à qui voulait l'entendre, ce que tout le monde faisait avec grand intérêt, l'excellence d'Attunga, et à quel point il était devenu presque impossible de demeurer dans la tente, tant les deux époux riaient ensemble.

Cela ne collait pas tout à fait avec ce qu'on avait appris en prêtant l'oreille. Depuis qu'elle avait été poussée dans la tente d'Attunga, personne n'avait entendu la voix de Simutaq, ni ses pleurs, ni ses rires. Par contre, on avait à plusieurs reprises cru entendre les exclamations de colère d'Attunga et les cris de douleur que poussait sa première femme quand il la battait.

Simutaq n'opposait aucune résistance quand Attunga la prenait, mais elle n'essayait pas non plus de lui être agréable. Elle restait inerte, sans la moindre bonne volonté, et laissait faire les choses. Elle mangeait ce que la femme d'Attunga déposait auprès d'elle et pensait avec inquiétude aux peaux d'eider qu'elle ne pouvait pas préparer pour Orulo. Mais pendant les jours où elle resta sur la couche d'Attunga, elle put voir sa transformation. Au début, il était arrogant et sûr de lui. Il parlait d'Orulo et de ses aptitudes d'invocateur avec mépris, prédisant sa mort. Puis son oncle tomba malade. Il se coucha, gémissant si fort de douleur que l'envie d'Attunga pour Simutaq diminua pour disparaître totalement. Attunga essaya d'appeler ses esprits-assistants, prononça des mots magiques que son oncle lui avait donnés mais ceux-ci restèrent sans effet. C'était une maladie inconnue et impossible à arrêter. Durant cinq jours, le vieil homme resta allongé avec de fortes douleurs. Puis, tournant le dos à l'entrée de la tente, il mourut.

L'oncle fut transporté hors de la tente, et Attunga interdit à ses femmes de manger des viscères jusqu'à la fin de l'été. Les jours suivants il resta silencieux, replié sur lui-même, et chaque fois qu'il entendait des cris de bienvenue lancés aux chasseurs de retour, il envoyait un de ses frères voir de qui il s'agissait.

Les choses en étaient là lorsque Heq et Orulo revinrent. Cinq jours après que Heq avait créé le vengeur, l'âme d'Orulo était revenue. Ils avaient tué deux autres caribous et revenaient chargés de viande.

Pukiq courut à leur rencontre, se dépêchant de leur raconter que Simutaq avait été enlevée. Mais Orulo ne manifesta aucune colère. C'était comme s'il le savait déjà et Pukiq fut quelque peu déçue du peu d'effet produit par son extraordinaire nouvelle.

Orulo ne se rendit dans la tente d'Attunga que le lendemain. Il repoussa la peau suspendue à l'entrée et pénétra à l'intérieur. Simutaq, assise sur la couche, était en train d'épouiller les cheveux d'Attunga, comme il le lui avait ordonné, et Orulo s'accroupit un peu à droite de l'entrée.

— Il est arrivé ceci qu'un homme souhaite reprendre sa femme, dit-il doucement.

Attunga bâilla, renversant d'un air possesseur sa tête entre les cuisses nues de Simutaq. Il ne répondit pas, prit seulement le broc d'eau, but un peu et jeta le reste de l'eau aux pieds d'Orulo.

Le vieil homme se leva et s'avança vers la couche. Il tendit une main vers Simutaq, qui la prit.

Attunga saisit sa lance et la pointa sur la poitrine d'Orulo.

— Comme peut sans doute le voir même un vieil homme, cette femme a changé de pourvoyeur.

Orulo se pencha en avant et la lance s'enfonça dans la peau nue de son torse. Le sang coula en un mince filet sur son ventre et colora de rouge la taille de son pantalon.

Attunga hésita. Il craignait le calme du vieil homme, craignait davantage ce calme que la magie qui avait tué son oncle. Il vit le fin tracé du sang et sentit que Simutaq était tirée de la couche. Il sentit son bras qui tenait la lance se tendre et ce fut davantage la peur que l'envie de tuer qui la lui fit enfoncer durement dans le corps d'Orulo. Sa force était si grande que la pointe traversa le vieil homme et ressortit dans son dos. Et lorsque Attunga voulut reprendre son arme, il souleva Orulo du sol avant que le manche ne se casse. Orulo mourut très vite.

La nouvelle de la mort d'Orulo se répandit immédiatement. Heq tenta de lutter contre son chagrin, comme le lui avait appris son maître. Dans la tente, il resta assis toute la nuit, formant des chants dans sa tête, et ceux qui l'entouraient savaient que c'était *Qarrtsiluni**, la période où on attend que quelque chose éclate. Un chant naîtrait du silence, s'élevant comme une bulle de la mer pour se briser en atteignant la surface.

Mais ce silence n'était pas ce qu'ils croyaient. En lui, la haine et l'envie de meurtre luttaient avec la sagesse. Une rage fermentait, que même les chants ne pouvaient contenir. Et lorsque vint l'aube, il se leva. Il saisit le couteau en dent de castor, celui qu'il avait autrefois enlevé à Tewee-soo et qui était devenu la propriété de Pukiq, et se rendit à la tente d'Attunga. Dehors, il n'y avait personne, mais tout le monde le vit y aller.

Il était attendu. Attunga et ses frères se tenaient prêts avec leurs armes. Mais si grande était leur peur qu'ils furent quand même surpris quand Heq entra dans la tente. Ils virent immédiatement qu'il était possédé. Ses yeux lointains, aveugles à la vie, ne voyaient que la seule mort. Ikaq et Nilaq perdirent courage et leurs coups furent sans force et sans danger. Ikaq, le plus jeune des frères, sentit à peine quand le couteau de Heq s'enfonça dans sa gorge. Il s'effondra en gargouillant, le sang giclant de la plaie ouverte. Nilaq balança sa lourde hache de pierre à la tête de Heq et se rua hors de la tente. La hache glissa sur le haut du crâne de Heq et, sans émettre un son, celui-ci se jeta sur Attunga qui était resté paralysé de peur, la lance levée. Attunga frappa et la lourde arme s'enfonça dans la hanche de Heq, où elle fut arrêtée par l'os du bassin.

Sans un mot, Heq arracha la lance et la jeta à terre. Puis il saisit Attunga par ses longs cheveux et le tira en arc vers l'arrière. D'un coup rapide, il lui ouvrit le ventre nu, dont le contenu gicla. Attunga hurla. S'arrachant à

Heq, il se tassa sur lui-même dans une douleur horrible. Heq l'attrapa à nouveau par les cheveux et le traîna hors de la tente. Attunga continuait à crier. Des deux mains, il essayait de faire rentrer ses intestins mais sans y parvenir.

Ses cris attirèrent les gens. Un cercle s'assembla autour du mourant. On ne parlait qu'en chuchotant pour ne pas déranger Heq.

Ce ne fut qu'au soleil couchant qu'Attunga s'allongea complètement. Ses mains glissèrent de son ventre et ses pupilles disparurent sous les paupières, ne laissant visible que le blanc. Alors Heq se leva. Il retourna à la tente d'Attunga et tua sa femme et ses deux enfants avec le couteau en dent de castor. Puis il se rendit à la tente de Nilaq, où il assassina les femmes des deux frères et leurs enfants. Nilaq s'était enfui, et personne ne put le renseigner sur la direction qu'il avait prise.

Heq fourra le couteau dans l'empeigne de ses *kamik* et en boitant, à cause de sa blessure à la hanche, il marcha vers le soleil. Il marchait à pas légers et souples, un peu courbé comme s'il suivait une trace. Ses yeux voyaient très loin, plus loin que là où le cerveau pouvait les suivre. Il regardait le soleil et perçut la lumière dont il avait été enveloppé lors de son premier voyage avec les esprits. Mais cette fois, la lumière était hostile et piquante.

Il marcha longtemps. Jusqu'à ce que la Terre commence à tourner sur elle-même autour du Soleil, de plus en plus vite. Des taches noires dansaient devant la lumière solaire et il fut pris de vertige. Il s'effondra dans la bruyère en gémissant et entendit le bruit de pleurs. Avec étonnement, il sentit que les pleurs qui se déversaient de sa gorge soulageaient la pression de son esprit, et il perçut la proximité d'Orulo. Les meurtres avaient été accomplis, comme il était recommandé. Il avait tué jusqu'à la troisième génération pour empêcher la vengeance du sang. Nilaq l'éviterait, aussi était-il comme mort. Tout cela était juste, parce qu'il était un homme lorsqu'il avait tué. Seulement Orulo était esprit. Il ne souhaitait pas de meurtre. Il était la sagesse que Heq aurait dû écouter dans le grand silence. Mais le glouton avait exigé le sang, et il l'avait eu.

Heq se retourna sur le dos.

— Orulo, appela-t-il faiblement. Orulo.

Il tendit une main vers la lumière, vers ce qui était sans corps et sans nom, et sa main devint une ombre qui tomba sur son visage. C'était comme s'il se trouvait dans un *umiaq** sur la mer ; un bateau de peau, qui s'élevait et s'abaissait sur une houle violente et qui à chaque instant menaçait de se retourner. Il s'accrochait à la rame et sentait le contenu de son ventre remonter dans sa gorge. Lorsqu'il vomit, cela lui fit mal jusqu'au plus profond de la poitrine. Ensuite il se laissa rouler à quelques mètres de là et enfonça le visage dans la bruyère. Il était vide. Le corps était vidé et le cerveau sans pensées. A présent, il était dans tout, il était tout, et incapable d'agir. C'est dans cet état qu'il s'endormit.

Tewee-soo quitta le camp et suivit les traces de Heq. Simutaq voulut lui courir après mais Shanuq la retint.

— Ton pourvoyeur doit être enseveli, dit-elle. Tyakutyik va t'aider.

Simutaq obéit et, aidée de Tyakutyik, elle posa le corps sur une peau et le traîna au loin dans la toundra. Shanuq les suivait, portant la ceinture du chaman ainsi que ses meilleures armes.

Tewee-soo retrouva facilement Heq. Elle s'agenouilla à ses côtés et observa attentivement son visage. Puis elle posa ses paumes sur ses tempes. Un instant plus tard, il ouvrit les yeux. Elle sourit, tout en chuchotant : « *Detchen** » dans sa langue afin que les mots ne se mettent pas en travers de sa guérison. Elle se leva et ramassa rapidement du bois pour un petit feu. Lorsque les flammes s'élevèrent, elle ouvrit une poche faite de bouts de peau colorée et en sortit de l'écorce séchée de mélèze qu'elle glissa dans la lampe en stéatite, dans laquelle elle avait apporté le feu. Elle mit la lampe sur le feu et la fit chauffer jusqu'à ce que l'écorce soit devenue une masse liquide.

Après avoir découpé le haut du pantalon de Heq, elle posa la masse sur la profonde blessure qui s'ouvrait jusqu'à l'os. Puis elle s'agenouilla, le visage tourné vers le soleil, et commença à respirer profondément. De sa respiration sortit un chant. D'abord une note haute, presque inaudible, puis une note plus profonde et plus puissante, contenant des mots qui étaient ceux du loup blanc. Son torse se balançait d'un côté à l'autre et ses tresses, munies de bouts de peau de castor, fouettaient ses épaules et ses bras.

Heq commença à grelotter de froid. Il gardait les yeux fixés sur Tewee-soo, et il reconnut sa danse. C'était la danse des esprits que lui-même avait exécutée, la danse qui chassait la peur, la danse qui était pleine de douleur et de souffrance. Il vit Tewee-soo se lever et il entendit les sonnailles de pierre et de métal cliqueter avec ses mouvements lorsqu'elle commença à danser autour de lui. Cela parlait en lui. Le double parlait de ses deux bouches. Le double de tout. Il ferma les yeux et abandonna son corps au froid, qui formait comme une coquille autour de lui.

Tewee-soo était possédée par le loup blanc. C'est lui qui maintenait le mal à distance et laissait sa danse former un cercle infranchissable autour de Heq qui, renversant durement la tête en arrière, découvrit sa gorge en signe de soumission.

Elle ne cessa de danser que lorsque la sueur commença à couler sur le visage de Heq. Elle se coucha sur son corps, le couvrant du sien, et prononça des formules magiques que Manito lui transmettait.

La longue nuit claire devint jour. Les bourdons sortirent de leurs trous sous terre pour reprendre le travail après le court repos. Heq leva la tête et regarda un insecte qui tournait en bourdonnant autour du feu allumé par Tewee-soo. Il l'appela et elle se coucha à ses côtés. D'une main, il repoussa une mèche de son front et elle se pencha et chuchota :

— *Setzoniaze**.

Il répéta le mot, s'efforçant de bien le prononcer pour lui faire plaisir. Et lorsque plus tard il en comprit la signification, il sut que c'était son vrai nom, le nom qui ne devait jamais être prononcé par d'autres.

Quelques jours plus tard, la blessure de sa hanche avait arrêté de saigner et ils retournèrent ensemble au camp.

8

Peu après les meurtres, les plus âgés du groupe décidèrent qu'il fallait retourner à Nunaqtyak. Aucun des jeunes chasseurs ne fit d'objections, et les femmes n'avaient pas leur mot à dire. Simutaq, espérant que Heq la prendrait comme seconde épouse, décida de rester, ce qui réjouit Shanuq et Pukiq. Avant même le retour de Heq et de Tewee-soo, le camp avait été démonté et la plupart des membres de la tribu étaient en route vers la lointaine côte. Seules quatre personnes restèrent pour attendre la décision de Heq.

Mais Heq n'avait aucune nostalgie du Pays de l'Enfance. Son désir de voyager était aussi insatiable que l'avait été celui d'Orulo et il avait l'intention de visiter un grand nombre des merveilleux pays de la terre, avant de redevenir sédentaire.

La quatrième des cinq périodes de l'été avait commencé. Les moustiques, disparus avec les premiers gels nocturnes, étaient à présent relayés par de petites mouches agressives qui vous faisaient presque regretter le temps des moustiques.

Le soleil continuait à cheminer à travers le ciel nuit et jour, mais il s'était rapproché de la ligne de l'horizon et ne chauffait plus la nuit. Cependant, on pouvait encore circuler nu pendant la journée, ce qui était bien agréable.

Les caribous avaient eu le temps de se remettre du long hiver, ils étaient bien nourris, avec une épaisse couche de graisse sur le dos. Les loups indolents ne chassaient que du petit gibier, et les petits des caribous pouvaient grandir en paix et prendre des forces avant le long voyage vers les forêts.

Le cassiope ne fleurissait plus et partout s'étendaient les grandes taches rouille des épilobes à épi et les touffes blanches du lin sauvage. Les piroles et les campanules bleues luisaient sur les basses collines et le rhododendron rose pâle avait ajouté un nouveau cercle d'un an à son tronc centenaire. Tout croissait et prospérait dans la nature, en cette saison claire où la sève a le plus de force.

Shanuq aurait aimé suivre ses frères de race. La mer lui manquait et cette plaine plate et déserte l'effrayait. C'était comme si les yeux voyaient trop loin sans jamais trouver le repos, comme si l'être humain se réduisait à presque rien dans ces étendues infinies. Tout cela, elle le dit à Heq. Et il l'écouta, hochant la tête avec compréhension. Lorsqu'elle eut fini de parler, il quitta la tente et descendit s'asseoir près d'un petit lac glaciaire. Peu après, Tewee-soo se leva et le suivit. Elle s'assit derrière lui et se mit à rouler du fil de tendon contre sa cuisse nue. Heq renversa la tête en arrière et la posa sur son ventre. Il regarda ce visage qui lui paraissait toujours nouveau. La regarder, c'était comme être en voyage. On découvrait tout le temps quelque chose d'inconnu et de fascinant, que l'on souhaitait posséder.

— Nous partons cette nuit, dit-il.

Tewee-soo enroulait le fil en une petite pelote. Elle posa une main sur la poitrine de Heq, chaude de soleil.

— Pour Nunaqtyak ? demanda-t-elle.

Il secoua la tête.

— Pour Apsuma Sukanga*, répondit-il.

Elle le regarda sans comprendre et il expliqua :

— Le monde, que nous appelons Nunarjuaq, est plat, ce que tu peux voir de tes propres yeux. Le ciel est comme une tente et à l'extérieur de la tente se trouve l'univers. Le monde est porté par quatre piliers, et la voûte céleste, que nous appelons Qilaq, par quatre autres. Apsuma Sukanga est le pilier tout au nord. C'est là que nous allons.

Tewee-soo réfléchit. Puis elle dit :

— Mon peuple sait que le monde est plat. Mais personne n'a pu nous raconter ce qui se trouve au-dessous.

Heq leva une main vers son visage et désigna du doigt sa paume.

— Au-dessous, dit-il, il y a la même chose qu'au-dessus. Seulement à l'envers. Là, la mer est devenue terre et la terre est devenue mer. Et là, il fait nuit quand il fait jour chez nous, et inversement. Au-dessous, tout est à l'envers.

Tewee-soo hocha la tête.

— Mais puisque la terre est complètement plate, demanda-t-elle, comment se fait-il que la mer ne nous inonde pas ?

Heq sourit.

— C'est parce que Nunarjuaq penche un tout petit peu. C'est la raison pour laquelle la mer se trouve un peu plus bas que la terre. Et la terre penche même quand elle devient fond marin. En effet, l'eau de mer continue sous la terre et remonte, là où il y a des creux. C'est comme ça que se forment les lacs.

— Et maintenant nous allons voyager vers le pilier du nord ?

— C'est ainsi qu'il en a été décidé. C'était le souhait d'Orulo et c'est maintenant le mien, répondit Heq.

Cette nuit-là, ils levèrent le camp dans les rires et l'excitation. Ils replièrent la tente, et équipement, armes et peaux furent chargés sur les bêtes et les hommes. Ils quittèrent sans tristesse le camp que l'on nomma par la suite « l'Endroit aux nombreux événements », ce qui permettait de parler du lieu où était enterré Orulo sans prononcer son nom.

Heq portait la tente sur son dos à l'aide d'un large bandeau autour du front. Il marchait vite et légèrement, comme s'il n'était absolument pas gêné par le lourd fardeau. Sa petite sœur trottait à côté de lui, avec son chargement de peaux pour la nuit comme une immense bosse sur les reins. Le départ la rendait heureuse, car elle avait atteint cet âge où on languit d'événements exceptionnels, envie difficile à satisfaire quand on est sédentaire. Elle connaissait bien sûr les piliers de la terre, puisqu'on en parlait souvent, mais elle avait du mal à s'imaginer de quoi ils avaient l'air.

— Ils doivent être très grands, dit-elle. Est-ce qu'ils tiennent toujours ?

Heq lui jeta un coup d'œil.

— Qu'est-ce qui tient ?

— Les piliers de la terre.

Il secoua la tête.

— Un jour, il leur est arrivé de s'effondrer et de détruire la terre. Mais après cela, deux hommes adultes sont apparus dans un monticule de terre, et ils se sont mariés et ont eu beaucoup d'enfants.

— Mais comment est-ce qu'ils ont pu faire ça ? Pourquoi est-ce que Tyakutyik, lui, n'a pas d'enfants puisque eux ils pouvaient ?

— Parce que Tyakutyik n'est pas possesseur de mots magiques, répondit Heq. L'un des hommes s'est mis à chanter un chant magique, et cela a fait que le pénis de l'autre s'est fendu et a permis l'accouchement. C'est ainsi qu'est apparue la femme.

— Son pénis a éclaté ? Comment ça s'est fait ?

— C'est arrivé quand l'autre a dit le chant magique :

Inuk una usuk una
paatuluni nerutuluni
paa paa paa

(Cet homme, ce pénis,
qu'il s'ouvre, qu'il s'élargisse
ouverture, ouverture, ouverture.)

Pukiq répéta les mots et essaya de s'en souvenir.

— Et Tyakutyik, lui, il ne connaît pas ce chant ? demanda-t-elle.

— Si, Orulo nous l'a raconté quand on était petits. Mais ce n'est pas le chant de Tyakutyik, et c'est pour ça que sa magie n'a pas d'effet.

Pukiq fronça les sourcils et regarda son frère avec étonnement.

— Dire que son *usuk* a éclaté ! Ça lui a fait mal ?

— Oui, sûrement, puisque ça fait encore mal aujourd'hui d'accoucher. Il a éclaté avec un grand bruit, comme lorsque une montagne de glace se rompt. C'est de ces deux hommes, dont personne ne connaît les noms, qu'est née la race des hommes. C'est d'eux que nous descendons, toi et moi.

La fillette ralentit l'allure pour transmettre son savoir à Simutaq qui marchait derrière Shanuq et Tewee-soo.

Ils voyagèrent jour après jour sans que le paysage se modifie. Toujours le même pays plat et infini sous l'immense voûte du ciel. Ils traversèrent des endroits marécageux où ils durent sauter de motte en motte, franchirent d'innombrables ruisseaux et de petits lacs glacés, si peu profonds qu'il n'était pas nécessaire d'enlever les *kamik*.

Ils atteignirent un cours d'eau inhabituellement large, dont le courant était très fort et l'eau d'une profondeur qu'ils ne connaissaient que de la mer. Shanuq, qui avait vu beaucoup de grands fleuves, leur dit que sans doute ce cours d'eau lui aussi cherchait la mer, bien qu'il courût dans la mauvaise direction. En effet, ce fleuve allait vers l'est et on savait que la terre penchait vers l'ouest. C'était très bizarre, et même Heq ne put donner d'explication à ce phénomène. Il déroula la tente et la jeta à l'eau. Puis ils s'installèrent avec tout l'équipement sur ce radeau improvisé et ramèrent avec les piquets de tente jusqu'à l'autre rive. Là, ils étendirent la tente dans la bruyère pour la laisser sécher.

Simutaq emprunta la pique de Heq et remonta le fleuve à la recherche de truites. A quelque distance du campement, elle trouva une poche d'eau peu profonde et presque stagnante. Là, elle s'assit, contemplant l'eau claire avec tristesse. La perte d'Orulo avait laissé un grand vide et elle se sentait tout à fait superflue. Heq avait tué le meurtrier de son pourvoyeur, mais il ne l'avait pas prise comme femme, comme il était courant entre amis. Elle était à présent sans pourvoyeur et sans enfants, qui ensuite auraient pu s'occuper d'elle. En tant que femme, elle avait moins de valeur que Shanuq, qui avait une vie derrière mais également une vie devant elle. Elle-même, elle n'était rien.

Simutaq pleura. Elle aimait pleurer, parce que alors Orulo semblait se rapprocher et c'était un peu comme si le chagrin, momentanément, s'enfuyait avec les larmes. Elle posa la pique et couvrit ses yeux de ses paumes pour repousser la lumière du soleil. Elle sentit la peau lisse et ferme de ses joues, et cela la fit penser à Tyakutyik. Il était l'être le plus beau qu'elle ait jamais connu, il était gentil et drôle, et il savait chasser. Mais il n'était pas homme. Pourquoi n'était-il pas comme son frère ? Comment était-ce d'être comme lui ? Elle retira ses mains et regarda l'eau. Elle vit deux truites grasses et bleues qui se reposaient sur place en agitant les nageoires. Silencieusement, elle saisit la pique, la leva et, visant juste devant un des poissons, elle frappa avec grande force. Le trident s'enfonça au milieu du corps et, triomphante, elle ressortit la truite frétillante. Elle pensa à Tyakutyik lorsqu'elle mordit la nuque du poisson et le jeta derrière elle.

Simutaq pêcha longtemps. Elle ne s'arrêta que lorsque le soleil atteignit l'horizon à l'ouest. Alors, elle se leva et rassembla son butin. Elle se sentait forte et sûre d'elle en revenant vers le campement.

Heq et Tyakutyik avaient chassé des perdrix des neiges, qui bouillonnaient déjà dans l'eau de cuisson. Simutaq jeta les truites aux pieds de Tyakutyik et dit :

— Il est arrivé ceci qu'un peu de poisson s'est laissé prendre. Rien que de petits poissons maigres et pitoyables, qui auraient dû être rejetés dans la rivière.

Tout le monde la regarda avec étonnement. En effet, ses mots étaient ceux d'un homme et s'adressaient à Tyakutyik comme s'il était une femme.

Mais Tyakutyik ramassa immédiatement les poissons. Il les vida et offrit la chair fraîche et crue à ses parents.

Ensuite, il en offrit à Simutaq et lui-même ne mangea que tout à la fin.

Cette nuit-là, Tyakutyik se coucha sous les mêmes peaux que Simutaq et l'on comprit que Simutaq avait pris une femme et Tyakutyik un homme, ce qui était inhabituel et à l'envers, comme la vie au-dessous de la terre.

Ils restèrent longtemps près du fleuve, car la tente avait du mal à sécher. Beaucoup de truites furent pêchées et on chassa également le lièvre et le renard. On mangeait bien et on se reposait énormément pour se préparer au voyage vers le pilier du nord. Simutaq et Tyakutyik passaient beaucoup de temps sous les peaux et Shanuq écoutait avec bonheur les rires et autres bruits de son plus jeune fils, qui n'étaient pas très différents de ce qu'on a l'habitude d'entendre sous les peaux des jeunes gens.

Ce furent des jours heureux, pleins de soleil et de chaleur. Partout il y avait des baies mûres. On ramassait des myrtilles et des baies de corneille, mais on ne touchait pas aux airelles des marais qui, d'après Shanuq, abîmaient les dents. Les favorites étaient malgré tout les camarines qui, dégustées avec de la graisse de caribou, étaient un vrai délice.

Un soir où ils étaient en train de manger des baies cueillies par Pukiq, Heq dit :

— Alors que j'étais couché avec la fièvre et que la médecine de Tewee-soo commençait à agir, l'idée m'est venue que la frontière nord de notre pays n'avait peut-être jamais été visitée par des hommes. En tout cas, je n'en ai jamais entendu parler dans les récits du passé. Un certain homme, qui à présent est mort et ne doit donc pas être nommé, a raconté que plus on s'éloigne des pays connus, plus il est facile de chasser les animaux. Et nous voyons déjà que, mis à part le caribou, les animaux que nous chassons ne connaissent pas la peur. Peut-être sommes-nous les premiers à voyager dans ce pays plat, peut-être y a-t-il eu des hommes avant nous. Je n'en sais rien. Mais seuls les caribous nous craignent. Parce que la peur vit en eux, comme elle vit dans les hommes.

Il fourra une poignée de baies dans sa bouche et mâcha avec délices.

— La peur du caribou est bien connue. Et elle est apparue, comme l'a raconté la personne qui est morte à « l'Endroit aux nombreux événements », parce que, il y a très longtemps, un homme avait découpé un caribou dans un bout de bois puis lui avait donné vie. Mais le caribou était mauvais et tuait tout ce qu'il rencontrait. Aussi l'homme, qui l'avait fabriqué par gentillesse, se mit-il en colère, et il lui enfonça ses grandes dents de devant avec une pierre. Ce qui fit qu'à l'avenir le caribou eut toujours peur des hommes. Ce n'est que dans le Nord, si loin au nord que personne ne connaît le pays, qu'il se sent en sûreté et reste sédentaire. Là-haut, aucun homme ne vit.

Pukiq, qui ne possédait pas encore la sagesse d'une femme adulte, dit :

— Mais pourquoi allons-nous là-haut, s'il n'y a pas d'hommes ?

Heq observa longtemps sa petite sœur. Il vit qu'elle ne tarderait pas à devenir une femme et à languir de la compagnie d'un homme.

— Quand quelqu'un voyage, dit-il, il apprend beaucoup de choses sur lui-même. Si on va là où il n'y a que solitude, on apprend à vivre sans plainte. Car plus on pénètre dans la solitude en voyageant dans les beaux pays du monde, plus on devient petit. C'est ainsi que ton âme un jour aura la compréhension du tout, si tu lui laisses le droit de chercher.

Tyakutyik mit dans la lampe un peu de graisse aplatie, que lui tendait Simutaq. Les flammes de la mèche s'élevèrent et devinrent longues comme les doigts d'un enfant. Heq regarda les flammes. Il se sentit entouré d'un grand calme. Il vit la lumière rouge orangé se fondre en un ciel éblouissant, s'étendre loin derrière ses yeux comme la voûte d'un toit et venir éclairer ses pensées. Exactement comme le jour où il avait accompli les meurtres de vengeance, il sentit *Qarrtsiluni*, le moment du silence, où l'on attend que quelque chose éclate.

Shanuq ressentit la même chose. Du bout du doigt, elle éteignit les mèches les unes après les autres. La force du quotidien quitta les pensées, et les intuitions de l'âme purent s'élever et venir se briser à la surface.

Tewee-soo ferma les yeux. Elle aussi comprit que ce moment était sacré. Qu'il était né sans raison, était survenu sans que personne ne l'ait désiré. Ses pensées s'éloignèrent du présent sans chercher ni le passé ni l'avenir. Elle se laissa envelopper par le sacré de l'instant, se balançant doucement d'un côté à l'autre. Et soudain ses pensées quittèrent sa bouche, revêtues de la langue qui était celle de Manito. Avec une voix qu'elle-même n'entendait pas mais qui fit écouter tous les autres, elle chanta :

Yako-o-le chu-le-ta-le ye
ya-a ya-a-ya-ya
ya-a ya

Elle continua à chanter les mots du Grand Esprit jusqu'à ce que la force, qui était à l'extérieur d'elle, lui ouvre les yeux et plonge son regard dans celui de Heq. Et elle s'aperçut que Heq avait les yeux du loup, que c'était le regard investigateur de Manito qui s'enfonçait dans le sien. Elle pencha la tête et resta tout à fait immobile.

Shanuq ralluma la lampe et y posa le récipient d'eau en stéatite. Heq ne dit rien. Il se coucha entre les peaux, se protégeant les yeux de son bras. Une fois toutes les mèches allumées, Shanuq lui dit :

— On comprend maintenant que tu as choisi une femme initiée. Les mots qui sont sortis du silence étaient une médecine puissante, que seul son peuple possède.

Heq ne bougea pas. Il fit comme s'il n'avait absolument pas entendu les mots de sa mère. Mais il ressentait une grande tendresse pour Tewee-soo et une violente joie de vivre.

Lorsqu'ils eurent mangé à nouveau, parce qu'il est délicieux de dormir le ventre plein, ils se mirent sous les peaux. Il faisait frais et le ciel était tout à fait clair. Ils entendaient le bruit de la rivière et au loin, l'aboiement d'une renarde qui enseignait ses petits. Cette nuit-là, Heq se réveilla quand Tewee-soo poussa un grand cri. Il crut qu'elle allait accoucher mais lorsqu'il se leva et regarda son visage, il vit qu'elle dormait profondément. Il essaya de se souvenir du mot qu'elle avait crié et réveilla Shanuq pour qu'elle le lui traduise.

— *Darlichuli ?*

Shanuq prononça le mot très lentement. Puis elle secoua la tête.

— *Darlichuli*, répéta-t-elle. On comprend le mot, mais on ne comprend pas sa signification.

— Quel est le mot ? demanda Heq avec impatience.

— On souhaite que l'obscurité continue, répondit sa mère. C'est ça le mot.

Ils se recouchèrent sous les peaux. Heq resta un moment éveillé à fixer le ciel pâle. Il sentait le combat à l'intérieur de Tewee-soo.

Cette femme, pensa-t-il, m'a été amenée par l'ours noir. Parce que la force qui m'habite et celle qui habite en elle devront être portées dans le monde par l'enfant dans son ventre. De nous deux grandira une tribu, aussi forte que les pousses de saule, une tribu qu'aucun vent ne pourra courber. Avec elle, j'engendrerai ce qui est connu et reconnu, ce qui est craint et qui vivra à travers tous les temps.

Le lendemain matin, Simutaq découvrit les traces d'un ours à quelque distance du campement. Et Heq sut alors la direction qu'ils devaient suivre.

9

Profondément imprégnées dans la terre, les traces de l'ours allaient dans le même sens que le courant du fleuve. Que la direction ainsi indiquée fût l'est étonna Heq, mais l'ours avait laissé sa trace et il fallait suivre le signe.

Shanuq en fut très satisfaite. Depuis le début, elle avait été contre ce voyage dans l'intérieur des terres et, bien que ne comprenant pas comment l'eau pouvait remonter, elle sentait qu'ainsi on se rapprochait de la mer. Elle portait un poids aussi lourd que celui des autres femmes mais si ses jambes peinaient davantage qu'avant, elle ne se plaignait point. Elle ressentait encore du plaisir à la vie, même si celle-ci prenait un cours différent de ce qu'elle s'était imaginé. Son véritable souhait aurait été de revenir à Nunaqtyak et d'y vivre avec ses fils et ses belles-filles jusqu'à ce que la mort vînt à elle.

Les possessions de la famille avaient été réparties de façon égale. Heq portait la tente et sa lourde lance, un grand fardeau encombrant qui le cachait entièrement de derrière. Pukiq transportait les peaux pour la nuit et quelques vêtements d'hiver, Tewee-soo les piquets de tente et les gamelles, Tyakutyik trois lourds sacs de viande et des armes, et Simutaq les vêtements d'hiver, les boîtes à couture ainsi que sa lampe. Shanuq portait le feu, qu'elle alimentait en cours de route avec de la graisse de deux sacs pesants arrimés sur son dos. Même les chiennes étaient chargées : des sacs en peau, contenant des provisions, avaient été accrochés sur leurs flancs et Pukiq marchait à côté pour empêcher les chiots de mordiller les sacs.

On faisait de longues étapes, car Heq savait qu'il fallait avoir quitté la toundra avant le début de l'hiver. Jour après jour, on marcha, n'interrompant le voyage que de courtes haltes pour dormir, ainsi que du temps qu'il fallut à Tewee-soo pour accoucher.

Elle accoucha agenouillée sur une peau qu'elle avait étendue sur la terre et ses parents attendirent patiemment, assis à distance convenable de l'endroit impur. Après la naissance, Shanuq essuya son petit-fils avec une peau de lièvre, prit une goutte d'eau sous l'ongle et en effleura sa bouche. Elle lui donna le nom d'Orulo, car l'âme de ce nom réclamait une demeure. Mais le garçon cria pendant des jours et des jours, faisant ainsi savoir qu'il n'était pas satisfait du nom. Aussi Heq l'appela-t-il Taq, et le nom d'Orulo fut donné à un chiot, qui le reçut sans se plaindre.

Les traces de l'ours avaient disparu, mais Heq poursuivait obstinément dans la direction qu'elles avaient indiquée. L'été avait pris fin et lorsque le vent du nord poussait devant lui ses tempêtes de neige, ils montaient la tente et se mettaient à l'abri. Un de ces jours-là, alors qu'ils venaient juste de s'endormir, Tewee-soo se redressa brusquement et écouta avec attention. Elle enjamba Heq et sortit la tête par l'ouverture de la tente. Puis son cri déchira le silence :

— *E-then ! E-then thle* !*

Shanuq se leva à toute vitesse. Ce cri, elle l'avait souvent entendu chez les Kutchin. Un grand sourire s'étendit sur son visage ridé et elle en oublia qu'il ne fallait pas réveiller un dormeur.

— Les caribous sont arrivés ! cria-t-elle, en secouant l'épaule de Heq. Les caribous sont là, réveille-toi !

En l'espace d'un instant, ils étaient tous dehors. Et ils virent à l'ouest un grand troupeau de caribous, mené par une femelle gris-blanc. Elle les dirigeait vers le sud avec grande assurance. Des loups flanquaient le troupeau et derrière trottaient de petits groupes de renards. Au-dessus des caribous volaient des nuages de corbeaux noirs.

Simutaq, impressionnée, mit les mains devant sa bouche. Puis, saisissant le bras de Tewee-soo, elle s'exclama :

— Oh, mais d'où viennent donc tous ces animaux ?

Tewee-soo secoua la tête. Le troupeau, qu'on ne voyait qu'indistinctement à travers la neige, semblait infini.

— Personne ne le sait, dit-elle.

Pour Heq, cette migration précoce était une surprise. Cela signifiait que l'eau, qui peut-être séparait les pays, avait déjà gelé, puisque les caribous ne commencent à migrer que quand la glace peut les porter. Il pensa avec inquiétude que sans doute les saisons dans ce pays étaient différentes de celles que l'on connaissait sur la côte, et les hivers plus longs qu'à Nunaqtyak.

Il se passa alors quelque chose qui les amusa tous beaucoup. Comme d'une seule bouche, Simutaq et Tyakutyik s'exclamèrent en chœur :

— Va chercher mes armes !

Puis ils se regardèrent, surpris, et éclatèrent de rire car tous deux avaient exprimé le désir d'un homme. Shanuq fut celle que cela amusa le plus. Elle rit à en avoir mal à la gorge parce que c'était drôle et si heureux que Tyakutyik se soit trouvé une compagne qui l'aimait pour ce qu'il était, et qui pouvait être différente, si c'était nécessaire.

Les bêtes adultes ne montrèrent que peu de peur lorsqu'ils les attaquèrent et les petits se laissèrent tuer sans la moindre tentative de fuite. La seule chose qui comptait pour ces caribous, c'était de suivre la direction indiquée par la grande femelle. Cela rappela à Heq la trace de l'ours.

Ils tuèrent six bêtes adultes et autant de petits. Tewee-soo, qui était terriblement excitée par cette fabuleuse vision d'abondance, leur cria de continuer à tuer. Mais personne ne s'occupa de son opinion. On tua ce dont on avait besoin et on laissa les autres courir.

On rapporta les bêtes tuées au campement et on fit la fête avec les intestins fumants et le sang chaud. Shanuq était ivre de joie. Elle grattait les peaux et poussait de petits cris enthousiastes :

— Ah, qu'on ait eu encore une fois l'occasion de goûter à ces larves délicieuses ! répétait-elle, encore et encore, en raclant de gros tas de larves de taon vivantes sur l'intérieur des peaux et en se les fourrant dans la bouche. Il n'existe sans doute rien de meilleur.

Elle brisait les dures coquilles des larves avec ses dents usées et faisait tourner la douce chair dans la bouche avec sa langue, afin d'en savourer le goût le plus longtemps possible.

Comme il y avait abondance de viande, on mangea énormément, et comme la consommation de tous les délices que peut offrir un caribou prend beaucoup de temps, on en profita pour raconter des histoires du passé. Le plus souhaitable étant toujours d'entendre parler de ce que l'on ne connaît pas, Simutaq demanda à Tewee-soo s'il existait des gens comme Tyakutyik parmi les Itqiliit.

Tewee-soo répondit que des personnes de ce genre n'étaient pas inconnues. Qu'il était même courant de trouver dans un camp un homme qui soit à la fois homme et femme. Mais la plupart considéraient ce genre d'hommes comme mauvais pour tout. On les appelait « Bons à rien », ce qui n'était pas juste, car l'on savait par d'anciens récits qu'ils possédaient souvent plus de qualités que les autres.

— Il était une fois, dit-elle, un homme dans la tribu des Desnedeyarelotinne*, le peuple du grand fleuve au-dessous de chez nous, qui reçut le nom de Getshaaq, ce qui dans ma langue veut dire pénis. C'était un nom fanfaron et, pour punir le donneur du nom, Getshaaq devint un « Bon à rien ». Il dansait avec les femmes quand on fêtait le potlatch et passait la majeure partie de son temps en compagnie des femmes à coudre, à papoter et à s'occuper des enfants. Lorsque les jeunes guerriers se rendaient au fleuve pour se baigner dans l'eau glacée,

Getshaaq s'allongeait auprès de la chaleur du feu pour dormir. Aussi les guerriers n'avaient-ils que mépris pour lui, même s'ils aimaient le voir danser lors des fêtes, et ils disaient que ce demi-homme était bien trop paresseux pour sortir de la tente pour pisser.

« Mais Getshaaq vit et entendit les autres se préparer à la guerre. Et il commença à aller se baigner dans l'eau froide bien avant le réveil des autres, en s'arrangeant toutefois pour revenir avant qu'ils ne se lèvent. Pour entraîner ses muscles, il arrachait des arbres avec leurs racines, comme en ont l'habitude les jeunes guerriers dans mon pays. Mais il les reposait soigneusement dans les trous avant de revenir. Les guerriers essayèrent d'arracher ces mêmes arbres, mais seul l'un d'entre eux eut assez de force pour les sortir de leurs trous. A celui-là, le chef de tribu donna la "lance de l'homme fort", afin qu'il s'en serve à la guerre.

« Les hommes se préparèrent avec soin. Ils fabriquèrent des pointes de flèches, des lances et des massues de guerre, et tout le temps le demi-homme faisait semblant de dormir. Lorsqu'ils se mirent en route, il se leva, bâilla et demanda s'il pouvait venir avec eux. Mais ils ne firent que se moquer de lui, lui recommandant de rester avec les femmes. Cependant, comme il continua à les supplier, ils finirent par l'emmener comme écopeur dans un des canoës. On lui ordonna toutefois de rester près du fleuve, pendant que les autres allaient faire la guerre.

« Malheureusement, les guerriers n'avaient pas bien évalué la puissance de l'ennemi. Et alors qu'ils étaient sur le point de perdre, l'écopeur Getshaaq bondit et s'empara de la "lance de l'homme fort". Il tua le premier adversaire en le soulevant sur la lance et en le jetant si loin qu'il mourut en retombant à terre. Puis il tua le reste de la troupe ennemie en leur criant : "Mais que croyez-vous faire ? Tuer mon peuple ?" Il lui suffisait de frapper une fois pour donner la mort et ainsi Getshaaq, surnommé le "Bon à rien", gagna la guerre pour son peuple.

Elle pêcha un bout de viande dans la gamelle et le tendit à Heq.

— Tout cela est arrivé il y a très longtemps, dit-elle, et cela m'a été raconté par mon père, qui l'avait entendu du sien.

Simutaq dit :

— Je sens que ton histoire est vraie. Parce que je sais que mon époux possède plus de force que beaucoup d'hommes réunis. On s'est mariée à un homme et on a acquis en plus une co-épouse.

Elle fit une petite pause avant d'en dire davantage, mais les grandes quantités de viande avaient rendu ses pensées moins fluides. Aussi conclut-elle :

— On est contente et satisfaite, et on ne souhaite rien d'autre.

Heq et son frère mangeaient, faisant semblant de ne pas entendre un traître mot de tout ce papotage de femmes. L'on ne parla d'ailleurs plus de Tyakutyik ce soir-là. Mais le récit de Tewee-soo avait montré que les Itqiliit et les Inuit ont bien des choses en commun.

Le lendemain encore, les caribous continuaient à passer. Un long défilé continu de dos ondulants. Et Tyakutyik et Simutaq tuèrent deux autres femelles pour remplacer ce qu'ils avaient mangé la veille.

Il y avait abondance et on se gorgeait de viande, ne sachant pas quand on aurait à nouveau l'occasion de se remplir le ventre. Le temps froid et neigeux persistait. Tant qu'avait duré la chasse au caribou, personne n'y avait prêté attention, mais après avoir passé des jours et des jours à manger et à dormir, Heq commença à ressentir de l'impatience. De plus en plus souvent, il sortait de la tente pour scruter le ciel.

Puis le temps changea. Un redoux amena de la pluie du sud-est. Une pluie légère et agréable au visage, mais qui peu à peu se transforma en fortes averses que le vent claquait contre la tente. La terre se couvrit de lacs, petits et grands, et d'une couche de boue qui montait jusqu'au-dessus des chevilles. La tente s'alourdit d'eau et les piquets, qui se cassaient sans cesse, devenaient de plus en plus difficiles à réparer. A l'intérieur tout était humide et froid, et même si on avait de la graisse de caribou en abondance pour alimenter les lampes et produire un peu de chaleur, il était impossible de faire sécher les peaux et les vêtements.

Il pleuvait nuit et jour. Et Heq eut la confirmation que le temps dans ce pays était différent et inconstant. La plupart du temps, ils restaient allongés sous les peaux, et Tewee-soo et Pukiq gardaient le nourrisson entre elles pour le maintenir au chaud et au sec. Il pleurait souvent parce qu'il avait froid.

Une nuit, Tewee-soo se leva. Elle sortit dans la pluie et s'agenouilla nue dans la boue. Ses parents l'observèrent avec curiosité depuis l'ouverture de la tente. Elle avait défait sa longue tresse et ses cheveux ruisselaient sur son dos lisse et brun doré. Elle leva le visage vers le ciel lourd et cria :

Ya-ko-o chu-le-ta-le ye
yea ya-ya

Heq regarda sa mère, qui expliqua :

— Elle demande l'éclaircie. Ses mots signifient : « Que ça s'éclaire, donnez-moi l'éclaircie. » Peut-être que ce sont des mots magiques.

Tewee-soo resta à terre. De temps en temps, elle cessait de crier. Alors, en appui sur les genoux et les mains, elle tortillait de façon incitante son derrière nu, comme si elle s'accouplait avec un être invisible. Elle ne prêtait attention ni au froid mordant ni à l'eau qui courait en petits ruisseaux sur ses reins. Ses seins lourds se balançaient sous elle et elle poussait des cris qui pouvaient être soit de douleur soit de plaisir, soit des deux. Ce n'est que lorsque enfin une petite clarté apparut au sud-est qu'elle se leva et rentra dans la tente. Épuisée, elle se coucha à côté de Heq afin de ne pas mouiller l'enfant. Il remonta les peaux au-dessus d'elle et sentit avec étonnement que sa peau était chaude.

— A qui as-tu demandé l'éclaircie ? chuchota-t-il.

Les yeux noirs de Tewee-soo le fixèrent longtemps,

comme si elle cherchait la réponse dans son regard. Finalement elle dit :

— A Ori'lion. Dans ma langue, on dit : « Même le mauvais temps peut tomber malade. »

Immédiatement après, elle sombra dans un profond sommeil. Il était clair qu'elle ne souhaitait pas répondre aux questions de Heq. Elle dormait encore, d'un sommeil agité, lorsque la pluie peu à peu se calma puis cessa tout à fait.

Il leur était impossible de continuer la route avec la tente détrempée et ils n'avaient pas le temps d'attendre qu'elle sèche. C'est pourquoi ils l'abandonnèrent, ainsi que les piquets cassés. Les sacs de peau furent remplis de viande et de graisse et on ne laissa sur place que très peu de restes des caribous.

L'instinct de Heq lui disait que les traces de l'ours, bien que n'étant plus visibles, menaient vers le nord-est, s'éloignant du fleuve. Il confia à Tyakutyik que bientôt le paysage changerait. En effet, pendant les pluies, deux fois de suite il avait rêvé d'étendues d'eau.

Leur surprise fut immense lorsqu'un jour ils tombèrent sur des traces d'hommes. Heq les examina attentivement. Il avait cru qu'étant loin des pays connus, ils ne rencontreraient aucun homme. Mais les empreintes de deux paires de *kamik* se dessinaient nettement sur la terre humide et, en les suivant, ils découvrirent un petit habitat près d'un large détroit. Ce n'était pas la mer mais quand même une vaste étendue d'eau qui, au nord, découpait la terre en de nombreuses grandes îles.

L'habitat ne se composait que de deux tentes. Mais à quelque distance d'elles se dressait un étendoir à viande et il y avait tout autour des monticules de déchets, prouvant que ces hommes étaient sédentaires. Comme on ne savait pas si ceux-ci nourrissaient une méfiance hostile envers les étrangers, on envoya Shanuq pour leur annoncer l'arrivée du groupe.

Elle fut accueillie par quatre hommes armés de harpons. Et elle parla longuement avec eux avant de faire signe à ses parents de s'approcher.

— Ce sont des Netsilikmiut*, cria-t-elle, des hommes gentils qui ne nous veulent pas de mal !

Pour ces Inuit, cette visite était un événement tout à fait exceptionnel. Les enfants, qui n'avaient jamais vu d'étrangers avant, se cachèrent longtemps derrière leurs mères et les femmes restèrent à bâiller d'étonnement au lieu de leur offrir tout de suite quelque chose à manger.

On parla toute la nuit et on mangea beaucoup. Lorsque vint le moment de dormir, on fit de la place pour les étrangers sur les couches et on leur distribua des peaux chaudes et sèches. Heq prit la décision de passer l'hiver là.

10

La rencontre avec les Netsilikmiut inaugura une toute nouvelle vie. Et ce fut comme si l'hivernage parmi eux rompait les liens avec le passé, car après cet hiver-là, plus personne n'exprima la nostalgie de Nunaqtyak ou de la belle côte de la mer de glace.

Les Netsilikmiut étaient un peuple sans grand savoir. Mais ils étaient d'habiles chasseurs et des hôtes pleins de gaieté. Ils se révélèrent également être des auditeurs attentifs, peu d'entre eux se souvenant des récits des anciens. Selon Shanuq, cela venait du fait qu'ils recevaient rarement des visites et n'avaient donc pas l'occasion d'entraîner leur mémoire. Shanuq découvrit aussi qu'ils ne respectaient que bien peu des tabous prescrits aux Inuit, mais, à son grand étonnement, ils ramenaient quand même beaucoup de phoques, ce qui prouvait que les esprits n'étaient pas mécontents de leur façon de vivre. Ou alors, pensa-t-elle, ces hommes avaient peut-être été oubliés par les esprits parce qu'ils vivaient si loin de tout... Mais cette pensée était désagréable et elle ne s'y attarda pas trop longtemps.

Dans la mémoire de Shanuq, cet hiver demeura toujours comme un hiver heureux. Elle était contente d'avoir quitté la toundra désolée et rejoint des contrées où il y avait des montagnes basses et une étendue d'eau ouverte.

Les Netsilikmiut ne connaissaient pas les maisons d'hiver. Ces maisons merveilleusement chaudes, en forme de dôme, faites de pierres, de tourbe et d'herbe, que l'on utilisait à Nunaqtyak. Dans ce pays, on vivait soit sous les tentes en peau de caribou soit dans des huttes de neige, ce qui était assez primitif mais finalement pas trop désagréable une fois qu'on s'y était habitué. Seul le moment de transition, où il faisait trop froid pour vivre dans les tentes et où il n'y avait pas encore assez de neige pour construire des igloos, fut pénible. Là, ils eurent très froid.

Les gens de Qeqertaq, une immense presqu'île, étaient d'habiles constructeurs d'igloos. Ils bâtissaient de grandes maisons spacieuses aux murs épais, avec de longs couloirs en contrebas. Ils élevaient des murs d'abri pour les chiens et un solide coupe-vent près de l'entrée pour se protéger du vent du nord. A l'intérieur, ils découpaient de larges couches dans des blocs de neige et les recouvraient de peaux de bœuf musqué et de caribou.

Un igloo fut construit pour Shanuq et sa famille, et ce fut avec soulagement qu'ils démontèrent la tente empruntée pour y emménager. L'installation fut fêtée par un repas collectif, où tout le monde s'enivra un peu. Une fois dégelée, la viande conservée pendant longtemps dans la terre avait la même consistance que celle de baies mûres.

Les Netsilikmiut admiraient beaucoup Tyakutyik. Ils ne se souvenaient pas d'avoir jamais eu parmi eux un homme à l'âme double et considéraient sa présence comme un événement exceptionnel.

Les relations familiales de l'habitat parurent déconcertantes à Shanuq. Il n'y avait eu que peu d'apports extérieurs, et les cousins s'étaient mariés aux cousines, les oncles aux nièces et dans un des cas, un neveu avec sa tante. Il y avait aussi un enfant qui avait été engendré par un père et sa fille, avant qu'on ne marie cette dernière à un de ses oncles.

Shanuq, qui, ayant vu tant de propreté chez les Indiens, pouvait encore être prise de l'envie de se laver le corps dans un lac peu profond, trouvait les Netsilikmiut effroyablement sales. Lorsqu'ils écorchaient un phoque après l'avoir tué, ils laissaient toujours la graisse sur la peau. Et pour transporter les peaux, ils se contentaient d'y faire un trou au milieu et de les enfiler par-dessus la tête. De cette façon, ils pouvaient en ramener beaucoup à la fois et cela ne les gênait pas le moins du monde que leurs cheveux, leur visage et leurs épaules soient couverts de graisse.

Putukuq était le meilleur chasseur du groupe. C'était un petit homme solide dont les yeux disparaissaient presque dans des rides de rire. Sa voix était comme un chuchotement, sans capacité à crier comme les autres. Il était rieur, aimable, et ne comprenait pas que le mal puisse exister. La femme de Putukuq s'appelait Maata. Elle était âgée de pas mal d'années de plus que son pourvoyeur mais encore apte à toutes sortes de travaux. Ensemble, ils avaient une fille appelée Aranaq, qui était mariée à son oncle Angutyuk. Et ceux-ci avaient à leur tour deux enfants. L'aîné, un garçon, avait son propre grand-père comme père et le plus jeune, également un garçon, portait le nom d'Angutyuk. Ils vivaient tous dans la maison de Putukuq, et c'était Maata qui décidait.

L'autre igloo était habité par Tutiaq, un très vieil homme. Il avait un large nez, si épaté qu'on pouvait en voir tout l'intérieur, et une très mauvaise vue. Tutiaq parlait souvent de s'installer sur la glace parce qu'il se sentait de trop. Personne n'y faisait d'objections, au contraire, ses parents l'encourageaient toujours. Mais il n'avait encore jamais pu se décider, ce qui était comique et provoquait beaucoup d'amusement et de taquineries. Ses deux enfants étaient mariés à des cousines, et la sœur de sa femme décédée avec le frère cadet de Maata. Tout cela était vraiment très embrouillé, pensait Shanuq, mais en même temps intéressant puisqu'en parlant des relations de famille, on apprenait également des choses sur ceux qui étaient partis.

Avec Heq et sa famille, cela faisait maintenant trente personnes dans l'habitat, un nombre facile à retenir puisque cela représentait un homme entier, à savoir le nombre total de ses doigts et de ses orteils, plus un demi-homme.

Shanuq aimait beaucoup parler avec Maata et allait souvent lui rendre visite. Cette femme quittait rarement sa couche. Elle y était assise la journée entière, les jambes tendues devant elle, occupée à coudre. Sur la couche se trouvaient toujours les plus jeunes des enfants, faisant ce qu'ils voulaient sans que Maata les gronde jamais, et sous la couche il y avait souvent une chienne avec ses petits.

Avec Maata, Shanuq pouvait parler de tout. Et même s'il n'était pas arrivé de grand événement dans la vie de Maata, elle trouvait toujours des choses distrayantes à raconter. Elle n'avait eu qu'une seule fille avec Putukuq, ce qui était malheureux, et elle ne s'était jamais éloignée de l'habitat de plus de deux jours de voyage. Mais Maata savait trouver de la distraction dans les petites choses que souvent ignorent ceux qui voyagent. Aussi la vie lui semblait-elle riche et variée.

Quand Shanuq parlait de ce qu'elle avait vécu chez les Indiens, des années à Nunaqtyak ou encore du long voyage jusqu'à l'habitat, Maata écoutait avidement et posait de temps en temps des questions surprenantes. Elle essayait de comparer le monde de Shanuq avec celui qu'elle connaissait. Ainsi était-elle curieuse de savoir à quoi ressemblaient les poux des Indiens. S'ils mordaient de la même manière que les poux des hommes et s'ils étaient aussi remplis de sang. Et quel pouvait en être le goût. Elle demandait aussi à Shanuq si les excréments des Hommes-Chiens étaient de la même consistance que ceux des Inuit, ou plutôt comme les défécations des caribous ou les petites boules rondes et noires des lièvres... C'était de telles choses que voulait savoir Maata. Elle était pleine d'adresse pour la couture, et les *kamik* qu'elle faisait étaient si étanches que les hommes pouvaient patauger toute une journée dans la rivière sans même mouiller leurs chaussettes en peau de lièvre.

Oui, pour Shanuq ce fut un hiver heureux et elle était contente qu'ils aient trouvé cet habitat. Pendant encore longtemps après l'installation dans l'igloo, elle sentit le voyage dans ses muscles. Mais cela ne l'inquiétait pas puisque le repos serait long et que, lorsque viendrait le printemps, ses muscles seraient à nouveau prêts.

Ce qui la chagrinait, c'était sa vue. Elle qui avait toujours compté parmi les meilleures couturières, elle peinait à faire des points fins à la lumière de la lampe. Heq et Tyakutyik ne lui donnaient plus que rarement des vêtements à réparer, ce qui la faisait beaucoup souffrir. Cependant avec le printemps, sa vue s'améliora et elle put à nouveau voir même le trou de la plus fine des aiguilles en os.

Tout l'hiver, les hommes chassèrent le phoque marbré sur les trous de respiration. Il leur arrivait aussi de ramener un phoque barbu, ce qui constituait un délicieux changement de régime. En plus, il y avait toujours des bœufs musqués dans les couloirs de vallées derrière l'habitat, dont la viande, moins savoureuse que celle des animaux de mer, était souvent utilisée comme aliment pour les chiens.

Ils ne manquèrent jamais ni de nourriture ni de chaleur, et Shanuq apprit à apprécier beaucoup l'igloo comme maison d'hiver. Quand la tempête soufflait du nord, on sentait à peine le vent. Il courait au-dessus du toit arrondi et ne faisait que déposer un peu de neige du côté abrité. En habitant une telle maison, il était inutile de sortir pour savoir si le vent s'était calmé. Il suffisait de forer un trou dans la paroi et si ça soufflait, c'était que la tempête continuait, si la fumée de la lampe était aspirée par le trou, c'était qu'elle s'était calmée.

Au plus sombre de l'hiver, Simutaq leur annonça qu'elle attendait un enfant. C'était elle qui portait le fœtus et Tyakutyik la gêne. Il ressentait des douleurs dans le dos et une tension dans les seins et, tout comme Simutaq, il respecta les tabous imposés aux femmes enceintes. Durant cette période, il fut très heureux.

Heq parla de son voyage vers le pilier du nord et les Netsilikmiut écoutèrent avec grand étonnement. Ils avaient effectivement entendu parler des piliers de soutènement de la terre, qu'ils appelaient « poteaux de toit », mais ils ne savaient pas qu'il était humainement possible de les atteindre. Heq parvint à les convaincre et, avant la fin de l'hiver, il avait enflammé bien des hommes par son projet.

Un jour, alors que l'obscurité avait quitté le pays, Putukuq, son beau-fils et deux jeunes chasseurs de la maison de Tutiaq quittèrent l'habitat. Ni Heq ni son frère ne furent invités, et personne ne leur confia le but du voyage. Sans un mot, ils attelèrent chacun un traîneau avec un grand équipage de chiens, posèrent une couche de viande sous les peaux et s'en furent.

Puisque sa participation au voyage ne semblait pas souhaitée, Heq partit à la chasse dans la direction opposée. Il chassa pendant plusieurs jours et revint avec beaucoup de phoques marbrés.

Pendant deux lunes, les hommes furent absents. Et le jour où les enfants, qui jouaient dehors, crièrent qu'ils les apercevaient sur le détroit gelé, les femmes se précipitèrent hors des maisons et coururent à leur rencontre. Heq, qui était en train de marteler du silex avec la pierre ronde que lui avait donnée Orulo pour faire des pointes de flèches, resta seul. Il pouvait entendre que les chiens n'avaient pas mangé pendant plusieurs jours et il se réjouit d'avoir de la viande sur l'étendoir.

Le premier à venir le rejoindre fut l'enfant que Putukuq avait engendré avec sa fille. Son petit visage brillait d'enthousiasme lorsqu'il apparut dans le couloir et il cria :

— Les traîneaux sont arrivés ! Putukuq veut te montrer quelque chose !

Heq suivit le garçon, et, en arrivant devant les traîneaux arrêtés sur le bord de la glace, il vit qu'ils étaient chargés de bois de différentes espèces. Putukuq rayonnait et ses yeux disparurent en deux fentes étroites et pétillantes de joie.

— On a trouvé un peu de bois près de Qissulik, qu'on a ramassé puisque personne d'autre n'en voulait.

Jamais de sa vie, Heq n'avait vu autant de bois. Il tâta les troncs dénués d'écorce, plus solides que tous les piquets de tente qu'il avait jamais possédés. Il en resta muet de saisissement. On aurait dit que Putukuq avait vidé le monde de ses arbres.

Après avoir nourri les chiens, ils se retrouvèrent tous dans la maison de Heq, où on avait invité au repas. Angutyuk, le beau-fils de Putukuq, prit la parole :

— Il y a quelque temps, il est arrivé ceci que mon beau-père a été pris de l'envie de faire un voyage jusqu'au pilier du nord.

Putukuq trancha un bout de viande juste devant son nez. Il regarda Heq avec excitation.

Angutyuk poursuivit :

— Chez nous, on a oublié l'art de construire un *umiaq*, mais une femme âgée, qui nous rend visite en ce moment, nous a dit qu'elle nous aiderait. C'est pourquoi le père de ma femme s'est décidé à aller chercher du bois pour le squelette du bateau, sur lequel les peaux doivent être fixées.

C'était bien joliment dit pour un homme aussi jeune, et Angutyuk poursuivit sur sa lancée.

— Cette même femme, qui est la mère d'un certain grand chasseur, pensait que ce serait mieux avec deux *umiaq*, puisque d'autres que Putukuq désirent aussi participer au voyage.

Heq rit et tout le monde rit avec lui. Car il est merveilleux de rire lorsqu'on sent la solidarité et qu'on est plein d'espoirs pour le futur.

Ce soir-là, on ne parla que du voyage. Shanuq comprit que ce voyage serait comme ceux de sa jeunesse, ceux où l'on partait vers les îles lointaines pour chasser l'otarie et rendre visite à des hommes semblables aux Inuit, mais qui avaient d'autres coutumes et une autre langue.

Ce fut un soir où Shanuq se sentit rajeunir. Elle allait repartir pour un voyage en *umiaq*. La marche pénible était terminée, et c'est elle qui gouvernerait le bateau puisqu'elle était la plus âgée des femmes. Maata prendrait le commandement de l'autre bateau. Les hommes, eux, navigueraient en kayak devant les lourds bateaux de peau afin de repérer les animaux et les pays nouveaux.

Putukuq raconta comment à plusieurs reprises il s'était rendu jusqu'aux îles du Nord et dit que partout là-bas, il y avait des détroits et des passes accessibles aux bateaux. Il raconta aussi qu'autrefois des hommes vivaient là-haut mais qu'ils avaient été repoussés par un peuple qui se nommait Ugjulingmiut*. Ceux qui avaient été chassés s'appelaient les Tunit*, et c'étaient eux qui avaient rendu le pays habitable.

Heq avait entendu parler des Tunit et il demanda à Putukuq de leur en parler davantage.

— Oh, c'est un drôle de peuple, ces Tunit, répondit Putukuq. Je ne les ai pas vus moi-même, mais mon père les a rencontrés et, du temps de mon grand-père, ils étaient partout. Ils savaient où trouver les meilleurs endroits pour piéger les caribous, où ceux-ci aimaient nager, et ils construisaient des murets de pierre appelés *inukshuks** pour les pousser vers les lieux où ils les tuaient.

— Est-ce qu'ils parlaient notre langue ? demanda Tyakutyik.

Putukuq hocha la tête.

— C'était comme notre langue, mais différent, répondit-il. Mais nous nous comprenions et vivions en bonne entente. C'était vraiment un brave peuple mais aussi très craintif. Comme ils adoraient la mer, ce qu'ils appréciaient le plus, c'était la chasse à la baleine. Mais tout ça, c'était avant qu'ils ne soient chassés.

— Est-ce qu'ils nous ressemblaient ? voulut savoir Shanuq.

— Non, plutôt à elle, répondit Putukuq, en hochant la tête vers Tewee-soo.

— On dit qu'ils étaient grands et minces, avec des têtes étroites. A part ça, ils étaient comme la plupart des hommes. Mais ils avaient cette coutume étrange de jeter leur lance avec le pied. Ils posaient le manche sur le dessus du pied et balançaient la lance d'un violent coup de pied. Et bizarrement, ils atteignaient presque toujours ce qu'ils visaient.

Un bout de temps s'écoula, pendant lequel on médita

sur cette étrange technique de chasse. Puis Heq demanda :

— Serait-il possible que nous rencontrions ces Tunit au cours de notre voyage vers le nord ?

Putukuq réfléchit longuement avant de répondre.

— Ce n'est pas impossible. Peut-être ont-ils pris terre près du pilier du nord. Peut-être sont-ils tous morts. Personne ne le sait.

— Et si nous les rencontrons, faut-il les tuer ? demanda Angutyuk.

— Ce sont des hommes paisibles, et ils doivent être traités avec gentillesse, répondit Putukuq. Peut-être sont-ils toujours aussi craintifs et alors ils se sauveront en nous voyant.

C'est alors que le vieux Tutiaq parla :

— On a beaucoup vécu, commença-t-il, et les yeux ont vu la plupart des choses, avant de s'affaiblir. Et pourtant, les oreilles aimeraient bien réécouter le bruit de voix des Tunit.

Il avait fourni là un renseignement surprenant.

— Parce que tu as vu les Tunit ? demanda Heq.

— On les a connus dans sa jeunesse, on a mangé dans leurs grandes gamelles de pierre.

Le vieux rigola un peu.

— Et on a couché avec leurs femmes, qui étaient généreuses comme les nôtres et faites tout à fait de la même façon.

Il rejeta la nuque en arrière et rit. Les enfants regardèrent avec fascination l'intérieur de ses grandes narines ouvertes.

— Oh oui, poursuivit-il, en ce temps-là les hommes aimaient beaucoup les Tunit. Et il y eut de la tristesse quand une petite vengeance de sang les chassa de Qeqertaq.

Son visage redevint sérieux.

— Il y a bien des années de ça, j'ai trouvé deux hommes de ce peuple morts sur une des îles du Nord. Peut-être les Ugjulingmiut les avaient-ils tués, car ils avaient de grandes blessures dans le dos.

Il soupira profondément.

— C'est au cours de ce même voyage que j'ai tué mon plus jeune fils pour donner sa chair à manger à l'aîné. Mais l'aîné, lui, vit encore.

Il montra du doigt un homme un peu plus âgé que Heq.

— Il est assis là, grâce à son cher petit frère.

Par la suite, il arriva souvent à Shanuq de penser que peut-être ce soir-là avait été parmi les plus heureux de Tutiaq. Il avait pu parler du peuple disparu et décrire les pays qu'ils allaient traverser, et avait sans doute à nouveau eu l'impression d'être important. Après cela, d'ailleurs, il ne parla plus de s'installer sur la glace et sentit même ses forces revenir à tel point qu'il reprit un peu de chasse, ce qui lui coûta la vie. Au début du printemps, il tomba dans un trou ouvert par le courant, et qu'il n'avait pas vu parce que sa vue était inutilisable. On ne retrouva que son harpon, figé dans la nouvelle glace.

Il y avait une chose qui étonnait énormément Shanuq et sa famille, et qui pouvait les amuser beaucoup, lorsque la conversation tombait là-dessus. C'était que les Netsilikmiut étaient comme des chiens, en rut perpétuel. Ils s'accouplaient sans arrêt et échangeaient souvent leurs femmes. Et il pouvait arriver que les hommes forniquent avec leurs chiens, avec des caribous ou avec des phoques qu'ils venaient de tuer. Cela leur paraissait naturel et n'était pas considéré comme honteux, tant qu'on n'essayait pas de le cacher.

Ce ne fut donc nullement une surprise pour Heq, lorsqu'ils lui proposèrent leurs femmes en échange de Tewee-soo, avec qui ils avaient tous envie de coucher. Mais Heq refusa. Si Orulo le lui avait demandé, il n'aurait pas hésité, mais son amitié avec ces hommes n'était pas de nature à induire l'échange de femmes. Cela les étonna grandement et Shongili, le fils de Tutiaq, demanda :

— Faut-il comprendre par là que la femme pourrait refuser ?

— On peut le comprendre de cette façon aussi, répondit Heq. Cependant on n'a personnellement aucun désir dans ce sens.

La proposition fut formulée un soir où ils étaient assis en train de tailler du bois pour la carcasse de l'*umiaq*.

Angutyuk secoua la tête, l'air soucieux.

— On croit comprendre que les femmes du pays d'où tu viens ne sont pas très obéissantes, ni envers leur homme ni envers les esprits. Nos femmes à nous font comme il leur est demandé, parce qu'elles souhaitent être agréables à la « Grande Abeille »

Il fixa longuement Tewee-soo pour s'assurer qu'elle écoutait. Elle était occupée à retirer les poils d'une peau qui avait auparavant trempé dans l'urine. Elle lui sourit et demanda avec curiosité :

— Qui est donc la « Grande Abeille » ?

Angutyuk posa à terre le grand bout de bois qu'il tenait.

— On raconte, dit-il, qu'une fois il y avait deux hommes du peuple des Inuit du Phoque qui s'étaient mis d'accord pour échanger leurs femmes. Lorsque la nuit tomba, chacun ordonna donc à sa femme de se rendre dans la tente de l'autre homme. Mais il arriva cette chose curieuse, que les femmes s'y opposèrent. Aucune des deux ne voulait y aller.

Angutyuk secoua lentement la tête à l'idée de cette conduite fâcheuse. Il regarda à nouveau longuement Tewee-soo.

— Évidemment, les deux hommes se mirent en colère et jetèrent leurs femmes hors de la tente, pensant qu'elles finiraient quand même par y aller. Mais les femmes restèrent plantées dehors, sans se rendre à la tente de l'homme qui leur avait été assigné pour la nuit. C'est alors qu'arriva le Grand Esprit qu'on appelle la « Grande Abeille ». En temps normal, c'est une abeille tout à fait ordinaire mais quand elle se met en colère, elle se transforme en n'importe quel être. Elle surgit soudain devant les deux femmes comme une créature horrible. L'une des femmes s'écroula de peur devant la tente dans laquelle elle ne voulait pas entrer, et l'autre s'enfuit. C'est ainsi que cela s'est passé.

Il fit une pause et regarda d'un visage à l'autre. Les hommes hochèrent gravement la tête et les femmes frémirent. Glissant un long regard vers Tewee-soo, il poursuivit :

— La femme qui était tombée fut réveillée à la vie après un long, long moment. Et cela prit encore plus longtemps de retrouver celle qui s'était enfuie dans l'obscurité. Mais l'invocateur d'esprits finit par la repérer et ils la trouvèrent couchée par terre, comme morte. Elle était complètement froide et son cœur ne faisait plus de bruit. Ils la ramenèrent et si le chaman n'avait pas été parmi les plus grands, elle serait morte. Car si terrible est la colère de la « Grande Abeille » contre les femmes désobéissantes ! Mais après un long et dangereux voyage dans le monde des esprits, il parvint à la ramener à la vie.

Il ramassa le bout de bois et le pointa sur Tewee-soo.

— Les femmes doivent faire leur devoir et ne pas irriter les esprits. Après cela, les deux femmes dont j'ai parlé couchèrent avec tous les étrangers que leur mari leur désignait. Et nos femmes font la même chose, parce qu'elles sont bonnes et honorables, et qu'elles souhaitent être en bons termes avec les esprits.

Cette histoire édifiante ne changea cependant ni l'opinion de Tewee-soo, ni celle de Heq sur ce sujet, ce qui eut comme résultat que l'obstination de Tewee-soo en imposa aux hommes et que les femmes la considérèrent avec une admiration mêlée de crainte.

Certains des hommes désiraient également Tyakutyik. Mais celui-ci vivait un mariage heureux et d'un caractère si particulier que tout échange était exclu.

Malgré l'empressement de ces hommes à s'accoupler et leur envie de tout essayer, Shanuq ne les trouvait ni vulgaires ni crus. Ils montraient même de la pudeur et une forme particulière d'innocence qui lui semblait un peu ridicule. Même les enfants étaient fort occupés par l'accouplement. En été, ils construisaient des murets de pierre à l'extérieur des tentes, appelés *kujanguarfit*, « les lits des époux-enfants », sur lesquels ils se conduisaient comme le font les adultes sur les couches, toutefois sans pouvoir s'apporter beaucoup de joie.

Pour Pukiq, tout cela était un peu pénible. Elle était à cet âge où elle se trouvait trop vieille pour les jeux des enfants et trop jeune encore pour ceux des adultes. Aussi cet hiver-là fut-il une épreuve pour elle. Beaucoup d'hommes vinrent à sa couche mais tous furent chassés par Heq, qui considérait sa sœur comme trop jeune. Ce ne fut qu'au cours de l'été, juste avant la fin de la construction des *umiaq*, qu'elle fut prise par Inuttiaq, un des petit-fils de Putukuq, qui mit ainsi sa vie en danger. Mais Heq évita les conflits, d'une part parce que Tyakutyik fit valoir le courage du garçon et d'autre part, parce que cela aurait dérangé les préparatifs de voyage. Cependant, il ne fut pas question de mariage.

Une fois la saison suffisamment avancée, on put entreprendre la construction des bateaux des femmes. On retira la graisse des peaux, qui furent mises à tremper dans des bassines d'urine pour que les poils se détachent. Puis elles furent ressorties, enduites de cendre et grattées avec un petit couteau appelé *erisaut**. Une fois débarrassées de tous les poils, elles furent soigneusement lavées et mises à sécher, cependant sans les étirer. On les laissa le temps de finir les carcasses en bois, après quoi les peaux furent à nouveau lavées, frottées et étendues. Pour finir, on les mit à tremper dans de l'eau salée pendant quelques jours, ce qui les rendit assez souples pour pouvoir être étirées presque au double de leur format. Comme il était souhaitable de recouvrir les bateaux de peaux sombres parce que ce sont les plus solides, on avait laissé les membranes externes sur les peaux.

La couture et la fixation prirent du temps et ce travail fut surveillé par Shanuq. On se servit des tendons de cou du narval et des tendons dorsaux du caribou. Ces tendons furent détachés, roulés, tordus et tressés en plusieurs épaisseurs. Il s'agissait autant que possible d'éviter les nœuds aux ourlets les plus importants, afin de rendre les coutures étanches. En effet, le fil de tendon, en absorbant l'eau, gonfle, se tend et comble entièrement les trous faits par l'aiguille.

Les bateaux, une fois terminés, étaient magnifiques. Grands, spacieux, les flancs tendus comme une peau de tambour. Dès que le premier fut mis à l'eau, on l'essaya dans la brèche ouverte par les marées : on rama pendant la moitié de la nuit et il porta sans difficulté toute la population de l'habitat.

Dès la fin de la deuxième moitié de l'été, une partie de la glace ayant quitté les détroits et les passes, on se prépara au départ.

11

Bien que ce ne fût pas la mer, Shanuq devait bien admettre que les eaux qui entouraient Qeqertaq ressemblaient beaucoup à la mer. De terre, on avait l'impression de larges détroits, mais en naviguant dessus, on se rendait compte de l'immense étendue de l'eau. Souvent la distance entre les côtes devenait si grande que nulle part on n'apercevait la terre, surtout lorsqu'un voile de brouillard descendu des montagnes venait envelopper le pays.

Les *umiaq* étaient bien équipés en rameuses. Le bateau de Shanuq était mené par Tewee-soo, Simutaq, Pukiq ainsi que deux filles adolescentes de la famille de Tutiaq. Et Tyakutyik, qui préférait la façon de voyager des femmes, avait lui aussi une rame. Cela faisait en tout six rameuses, sans compter Shanuq à la rame de gouverne. En plus des femmes, il y avait les animaux ; les deux chiennes amenées de Nunaqtyak et onze chiots qui seraient utiles lorsqu'il neigerait à nouveau. Auxquels s'ajoutait un mâle, offert à Heq par Shongili, qui avait hérité des quatre chiens de son père. Les animaux étaient couchés à la proue, les pattes de devant attachées au collier afin d'éviter les bagarres en mer. Une ou deux fois par jour, lorsqu'on arrivait sur une grande plaque de glace, les chiens étaient lâchés et faisaient leurs besoins, ce que, pour une raison ou une autre, ils ne se permettaient jamais à bord.

Le voyage était facile et même si le travail aux rames pouvait être dur, personne ne se plaignait. Shanuq dirigeait le bateau en suivant les kayaks des hommes, qui naviguaient devant pour trouver les passages dans les glaces flottantes. Pendant cinq jours, ils naviguèrent sur cette véritable mer intérieure, où la houle était insensible en raison des glaces. Le sixième jour, ils pénétrèrent dans une sorte d'entonnoir de terres, encombré de grandes plaques de glace. Mais au large des côtes s'égrenaient d'innombrables îlots de montagnes érodées, et entre ces îlots et la côte, l'eau était libre. Le pays était devenu plus montagneux et beaucoup de fleuves descendaient du haut arrière-pays. Parfois, ils accostaient pour pêcher des truites et ils découvrirent ainsi des ruines de maisons peu anciennes, et deux tombes que, cependant, ils n'ouvrirent pas. Il était évident que des Tunit avaient vécu là en des temps peu éloignés.

La position du soleil sur le ciel leur indiquait l'heure et la direction. Plusieurs fois, arrêtés par de la glace épaisse, ils durent vider les *umiaq* et traîner bateaux et chargement au-dessus de l'obstacle. C'était dur, mais il y avait toujours quelque chose de nouveau à voir. Les formes des montagnes étaient nouvelles et il fallait les mémoriser au cas où l'on reviendrait un jour, il fallait surveiller les vallées pour y repérer les caribous et les bœufs musqués, et vérifier s'il y avait des poissons dans les fleuves. On ramait, on observait et on s'informait mutuellement des découvertes.

Un jour, ils s'arrêtèrent à la pointe nord d'une île qu'ils avaient longée pendant plusieurs jours. L'endroit où ils accostèrent était creusé par l'embouchure d'un large fleuve, que l'on put remonter un peu avec les *umiaq*. Ils nommèrent le lieu Isortoq parce que l'eau qui se déversait dans la mer était remplie d'argile. Le bateau de Maata ayant été déchiré à certains endroits par la glace, il avait besoin d'être réparé. Qui plus est, tout le monde, mis à part Heq, se réjouissait à l'idée de se reposer un peu.

Le premier soir, une fois le repas de caribou terminé, Tyakutyik quitta le camp. Simutaq, qui le regardait partir, ressentit soudain une douleur poignante dans le dos.

Elle appuya ses mains sur ses reins et la douleur disparut. Mais peu après, elle revint. Elle se leva et suivit son mari.

Tyakutyik avait remonté le fleuve jusqu'à être hors de vue du camp. Là, il avait étendu une peau de phoque sur la terre et s'y était agenouillé. Sans un mot, Simutaq se coucha à ses côtés et, peu après, elle sentit qu'elle perdait les eaux. Ils restèrent allongés tout près l'un de l'autre, se regardant parfois longuement, comme s'ils communiquaient à l'aide d'un langage muet. Simutaq voyait le déroulement de l'accouchement dans les yeux de Tyakutyik avant de le sentir dans son corps. Elle poussa, parce que son regard lui enjoignait de s'ouvrir, et, lorsqu'il émit un soupir de délivrance, elle sentit l'enfant sortir. Elle le prit, commença à le nettoyer mais s'aperçut alors que Tyakutyik était resté allongé dans la position de l'accouchement. Il ne dit rien lorsqu'elle posa le nouveau-né entre eux, ne regarda ni elle ni l'enfant. Il était complètement concentré sur ce qui était à venir. A ce moment-là, elle sentit qu'un autre enfant était en route. Et ensemble, ils accouchèrent d'un deuxième enfant, qui allait être leur première fille.

Shanuq débordait de fierté en serrant contre elle ses deux petits-enfants. Elle leur parlait, récitait des petits vers sans queue ni tête et ne voulait plus les lâcher. Comme il était d'usage dans la famille, c'est elle qui leur donna un nom. Le garçon, qui était le premier-né, fut appelé Qavik et la fille, arrivée la dernière, Ayapana. Les enfants ne crièrent que très peu, ce qui montrait qu'ils s'estimaient satisfaits des noms qu'ils avaient reçus.

Le jour suivant, comme l'imposait la coutume, Tyakutyik et Simutaq ne mangèrent que de la viande cuite dans la graisse sur une pierre plate, et, après une nouvelle nuit de sommeil, leurs vieux vêtements furent jetés et de nouveaux confectionnés. Par ailleurs, ils se lavèrent tout le corps dans l'eau froide du fleuve.

Shanuq qui, comme la plupart des grand-mères, s'inquiétait pour ses petits-enfants, recommanda à Simutaq de ne manger ni viande de jeune phoque marbré, ni œufs, ni intestins, ni cœur, ni foie, ni viande de narval ayant des petits, ni lièvres ou perdrix des neiges, avant d'avoir accouché cinq fois. La même chose valait pour le garçon, jusqu'à ce que lui-même ait tué au moins un de ces animaux. C'est très important, dit-elle, et ne doit pas être oublié.

Le voyage se poursuivit. Simutaq et Tyakutyik ramaient comme avant, chacun avec un nourrisson dans un *amaut** sur le dos. Tyakutyik développa vite une grande intuition pour le moment où l'enfant devait faire ses besoins. Il parvenait toujours à sortir le gamin du grand sac à dos et à le tenir par-dessus bord avant que quelque chose de sérieux ne lui coule dans le dos.

Un autre enfant naquit en voyage. Mais cet enfant mourut car il avait été assez stupide pour présenter d'abord son derrière au monde. En plus, il s'était enroulé le cordon ombilical autour du cou et s'était pendu. Le père le jeta à la mer et Shanuq, assise à sa rame, le vit flotter un moment à l'arrière du bateau. Elle pensa à tout ce que la vie a d'incompréhensible, car comment cet enfant avait-il pu savoir que son existence serait si difficile que la vie ne valait pas d'être vécue ?

Ils traversèrent encore un bassin, vaste comme la mer, passèrent de nombreuses îles, grandes et petites, et débouchèrent dans un détroit où se fit sentir la houle d'une véritable mer. Tant qu'ils se trouvèrent dans le détroit, une partie des rameuses ne mangea plus de viande. Mais dès qu'on se retrouva à l'abri de la terre et que l'eau se calma, l'appétit leur revint et elles purent rire du mal de mer.

Ils passèrent cet hiver-là sur une île où il y avait des caribous toute l'année. Les bêtes circulaient par petits groupes à l'intérieur des terres, revêtues comme tous les autres animaux de l'île d'un long pelage d'hiver, blanc et robuste. Ils étaient plus petits que les caribous migrants, mais leur viande était tout aussi savoureuse.

Par ailleurs, la chasse au phoque et au morse fut fructueuse et avant même la construction des igloos, de grands dépôts de viande et de graisse avaient été enterrés près du camp.

Cette année-là, les Netsilikmiut bâtirent tout un complexe de maisons, reliées entre elles par des couloirs qui permettaient de se rendre visite sans jamais avoir besoin de sortir.

Inuttiaq désirait Pukiq mais n'arrivait pas à rassembler le courage suffisant pour l'enlever. Car bien que Heq se fût toujours conduit paisiblement et gentiment avec les Netsilikmiut, c'était comme s'ils savaient ce qu'il renfermait en lui de violence et de désir de vengeance.

C'est alors qu'il arriva cette chose étrange qu'Inuttiaq, au cours de la troisième partie de l'hiver, trouva sur la côte de mer un *saugssat**. La marée avait ouvert une grande brèche dans la glace et un troupeau de dauphins blancs s'y étaient engouffrés pour aller se nourrir dans les riches réserves côtières qu'ils connaissaient bien. Après le séjour en haute mer au large des glaces, où il n'y avait que peu de nourriture, ils étaient affamés, et si voraces qu'ils en oublièrent toute prudence. Ils ne s'aperçurent que trop tard que le passage par lequel ils s'étaient introduits se refermait et qu'ils se retrouvaient prisonniers dans une toute petite poche d'eau libre.

Inuttiaq les entendit de loin et, quand il s'approcha, il les vit se battre pour atteindre l'air et la surface. L'eau qui giclait tout autour gelait immédiatement, renforçant la glace qu'auparavant leurs corps puissants auraient peut-être pu briser.

Nul plus grand bonheur ne pouvait être donné à un homme. Des centaines de bêtes sans la moindre chance de s'échapper ! Au lieu de commencer tout de suite la tuerie, Inuttiaq revint au camp.

Ce fut la plus grande chasse à laquelle les hommes se souvenaient d'avoir jamais participé. Les dauphins n'opposèrent aucune résistance. C'était comme si, en se poussant et en se bousculant, ils s'aidaient les uns les autres à se jeter sur les harpons des chasseurs. Tant d'animaux furent tués qu'aucun homme n'aurait été capable de les compter. De grands monticules fumants de viande s'accumulaient sur la glace et il y avait encore des dauphins qui désiraient être tués.

On ramena de la viande et de grandes quantités de *mattaq* sur la côte où on les enterra sous la neige. On en rapporta une partie au camp, où l'on mangea et but pendant plusieurs jours. Seul Inuttiaq ne participa pas aux festivités. Il était revenu à la poche d'eau pour déposer de la viande et de la graisse dans l'eau en remerciement à Sedna, et il eut la chance de tuer à la fois des ours et des loups, attirés là par l'odeur du sang.

La nuit allait devenir un jour nouveau, une vie nouvelle. L'obscurité hivernale reposait encore sur le pays mais la pleine lune offrait la lumière dont on avait besoin. Heq s'était réveillé après les orgies de viande de la semaine. Il pensait au jour à venir. Tout allait recommencer et prendre fin à nouveau lorsque ce jour à son tour se terminerait. Ainsi était la vie. Ainsi avait-elle été pour les dauphins blancs dans la poche d'eau. A présent tous étaient morts. A présent la glace s'était refermée et avait étouffé les survivants. Lui, il allait vivre un jour nouveau, mais pour eux c'était fini. C'était comme si l'existence était toute une série de courtes vies, qui commençaient chaque matin.

Il tourna la tête et regarda les cheveux de Tewee-soo. Deux fins rais de lune filtraient par le carreau en eau douce, apportant juste assez de lumière pour distinguer le contour de son visage. Il souleva la tête et flaira ses cheveux. Elle avait sa propre odeur, comme tous les êtres, une odeur qu'il aimait. Avec précaution, sans bouger la peau, il tendit une main vers elle. Il toucha d'abord le petit corps de Taq, tira l'enfant vers lui et le repoussa entre ses jambes. Puis il passa par-dessus le garçon et se blottit tout contre Tewee-soo. Son corps semblait brûlant et elle lui tourna le dos pour qu'il puisse la pénétrer par-derrière. Il vint tout de suite, comme on le fait le matin, et ils restèrent couchés tout près l'un de l'autre jusqu'à ce que Taq commence à geindre sous la peau parce qu'il manquait d'air. Heq prit l'enfant et Tewee-soo se retourna pour permettre au petit d'atteindre son sein.

Ce matin-là, Pukiq fut la première à se réveiller. Elle martela de la graisse en petits carrés pour alimenter la lampe et arrangea la mèche. Lorsque les flammes brûlèrent avec clarté, elle sortit. Elle s'accroupit pour se vider des réserves de la nuit, tout en grattant la neige afin de remplir la casserole pour l'eau. Soudain, une main la saisit fermement par les cheveux et elle se sentit tirée jusqu'à un traîneau, jetée sur une peau d'ours et maintenue par un genou sur sa poitrine. Elle hurla, comme il se doit lorsqu'on se fait enlever, et Heq sortit de la maison juste à temps pour voir disparaître le traîneau dans l'obscurité. Il revint en riant raconter l'heureuse nouvelle à ses compagnons. Parce qu'il avait procuré au camp un grand butin de chasse, Inuttiaq avait enfin pris son courage à deux mains et enlevé la petite dernière de Shanuq.

12

Parmi les Netsilikmiut, il y avait un jeune homme nommé Ohohunuaq, un cousin d'Inuttiaq. Or, lorsque Pukiq et son homme revinrent du voyage d'enlèvement, où ils avaient vécu en époux et s'étaient nourris de viande de baleine au bord de la mer, Ohohunuaq exprima le désir de partager Pukiq.

Inuttiaq, qui aimait beaucoup son cousin, demanda à Pukiq de dormir chez Ohohunuaq pendant quelques nuits, ce à quoi elle ne s'opposa pas. Elle quitta la maison de Heq, où on leur avait attribué une couche, et se rendit à la maison de Nakasuk, où vivait Ohohunuaq. Elle revint le lendemain matin, et Inuttiaq se réjouit d'entendre combien tous deux s'étaient amusés. D'excellente humeur, il partit à la chasse au caribou avec Heq et resta absent plusieurs jours.

Pendant qu'Inuttiaq était parti, Ohohunuaq vint chercher Pukiq et la ramena à sa couche. Cela n'avait rien d'étonnant, et ni Pukiq ni personne d'autre dans l'habitat n'y fit objection. Mais Ohohunuaq était tombé très amoureux de la femme de son cousin et après quelques jours, il fit savoir qu'il l'avait à présent prise comme femme. Alors beaucoup s'inquiétèrent. Shanuq, qui connaissait les colères de Heq et l'amour d'Inuttiaq, se rendit à l'igloo de Nakasuk. Elle reprocha à Ohohunuaq cet enlèvement criminel qui déclencherait inévitablement des hostilités. Mais l'homme ne voulut rien entendre. Il s'était déjà habitué à Pukiq et ne pouvait plus s'en passer. Il attendait le retour de son cousin avec un calme apparent.

Il demeura à l'intérieur de l'igloo. Lorsqu'il ne couchait pas avec Pukiq, ce dont il ne pouvait se lasser, il restait assis sur la petite couche près de la peau tendue devant l'entrée, le regard fixé vers le couloir. De temps à autre, il jouait avec de petits chiots maigrichons qu'on gardait à l'intérieur à cause du froid. Il lui arrivait aussi de se lever pour se rendre dans la petite réserve où ils gardaient la viande congelée. Là, il découpait avec sa hache de pierre un bout de phoque, soufflait dessus pour que la viande gelée ne brûle pas les lèvres et la ramenait à la couche, où il la partageait avec Pukiq.

Pendant ces jours-là, aucun homme ne se rendit à la chasse, tout le monde souhaitant être là lors du retour d'Inuttiaq. La maison de Nakasuk reçut beaucoup de visites, ce qui ne gênait pas du tout Ohohunuaq, qui se livrait aux yeux de tous aux sports de la couche avec Pukiq. Quand Putukuq et d'autres chasseurs âgés tentèrent de le raisonner, il les écouta en hochant la tête. Mais il continua à garder Pukiq comme sa femme.

Un jour où l'igloo était plein de gens parce qu'on attendait le retour d'Inuttiaq, Ohohunuaq dit à son oncle :

— Donne-moi la courroie.

Nakasuk sortit une courte courroie et la lui tendit. C'était une de ces courroies en peau de phoque réputées pour leur solidité. Ohohunuaq y fit un nœud coulant et se le passa autour du cou. Il s'assit tout au bord de l'*iglerk**, la tête penchée vers le sol. Puis il s'étrangla. Tout le monde le regarda faire mais personne n'osa intervenir. Car cet homme étant possédé, il ne devait pas être arrêté.

Ils laissèrent le cadavre sur place et, avant la nuit, un nouvel igloo avait été construit, dans lequel ils transportèrent tout l'équipement. L'igloo contenant Ohohunuaq fut scellé avec un lourd bloc de neige et le trou d'aération bouché, afin que l'âme du possédé ne s'échappe pas.

Inuttiaq fut très triste d'apprendre la mort de son cousin. Mais il considéra que c'était à la fois courageux et juste de sa part de s'être donné la mort, lui évitant ainsi à lui de commettre un meurtre dont il n'avait nulle envie. Nakasuk et lui enfilèrent fourrures et gants et traînèrent le cadavre jusqu'à un endroit où il pourrait être enseveli sous des pierres. Ils installèrent le mort avec la tête vers le lever du soleil et déposèrent dans la tombe ses armes ainsi que le cadavre d'un chien qu'ils avaient tué afin qu'il ne fût plus seul. Pendant tout l'enterrement, tous deux gardèrent la narine gauche bouchée avec de la paille, comme l'imposent les règles de tabou.

On parla beaucoup du suicide de Ohohunuaq, puisqu'il était rare qu'un jeune homme tombe si amoureux qu'il se donne la mort. On parla également beaucoup de Pukiq, et les jeunes filles de l'habitat l'envièrent parce qu'elle avait déjà été la femme de deux hommes.

Il n'y eut pas d'autres décès cet hiver-là.

Au cours du printemps, l'envie des Netsilikmiut de monter vers le nord sembla diminuer. Ils se trouvaient bien sur l'île où ils avaient passé l'hiver, et Putukuq, qui l'année précédente avait été le plus chaud partisan du départ, fit valoir que ce pays étant riche en gibier, il ne devait pas être abandonné. On savait qu'ici on ne souffrirait pas de faim alors qu'on ignorait ce que les contrées au nord pouvaient offrir. Par ailleurs, il pensait que très certainement le pays au pied du pilier du nord resterait en place et que, si l'envie de voyage revenait, il serait toujours temps d'y aller. Plusieurs de ses frères de race lui donnèrent raison et lorsque vint le moment du départ, seul Inuttiaq souhaita suivre Heq.

Heq et ses parents prirent le départ bien avant que l'on ait commencé à parler de monter les tentes. Ils partirent avec trois équipages de chiens et de grands traîneaux construits pendant l'hiver. D'abord ils se rendirent aux dépôts stockés sur la côte, où ils s'approvisionnèrent en viande de baleine pour les chiens. Cette année-là, mer et terre étaient reliées par la glace et ils pouvaient sans risque poursuivre sur la banquise jusqu'à la région des glaciers actifs, où la rupture des glaces pourrait rendre leur progression difficile.

A la fin du printemps, alors que la neige commençait à abandonner la terre, ils plantèrent la tente dans une large vallée où il y avait des excréments de caribous et de bœufs musqués. La vallée était orientée est-ouest, et vers l'ouest un col menait à une plaine s'étirant vers un complexe de fjords. Côté nord et sud se dressaient de hautes montagnes, et à l'est se trouvait la mer. A peu près au milieu de la vallée, il y avait un lac recouvert de glace auprès duquel ils plantèrent la tente.

Ce fut un voyage plaisant pour Shanuq. Il était délicieux d'être assise vent de côté sur le traîneau et de contempler les pays que l'on traversait, et si facile en comparaison de la dure marche sur la toundra. Même pour une vieille femme, c'était un voyage merveilleux et, même si elle ne savait pas où cela allait les mener, elle se réjouissait. Le pays ne lui inspirait aucune inquiétude. En effet, il y avait la mer, bien qu'elle se trouve dans la mauvaise direction, et il y avait les animaux de Sedna, qu'elle aimait et honorait.

Assise devant la tente, elle grattait la peau d'un de ces petits caribous que l'on trouvait dans ces régions. Tewee-soo et Simutaq étaient en train de découper la viande en morceaux et Pukiq détachait les tendons du dos pour en faire du fil. Inuttiaq et Tyakutyik étaient sur le lac, espérant attraper quelques truites qui, bien que maigres et affamées en cette saison, constituaient un apport bienvenu au repas.

Heq avait grimpé un peu dans la montagne. Assis sur un petit plateau, il regardait vers le campement. Il vit comment les basses montagnes vers l'est s'arrondissaient contre le toit du ciel couleur saumon. Il y demeura longtemps, se nourrissant de cette belle vision, et la nostalgie de l'inconnu grandit en lui. Derrière ces montagnes baignées de lumière rosée, se trouvait la grande mer. Il le devinait aux ombres sombres sur le ciel. C'est à travers cette mer qu'il voulait mener sa famille.

Il regarda vers la tente où était assise Tewee-soo. Elle

avait les mains sanglantes et de longs filets rouges couraient comme des blessures sur ses tempes, parce qu'elle avait repoussé ses cheveux pendant qu'elle découpait la viande. Taq crapahutait entre les femmes qui lui donnaient des morceaux de choix du caribou.

Heq se releva et revint à pas rapides vers la tente. Shanuq leva le regard lorsqu'il passa et elle sentit la tension qu'il portait en lui comme une odeur aigre et étrangère. Elle posa un regard interrogateur sur Tewee-soo mais celle-ci ne fit que secouer la tête.

Sans regarder autour de lui et sans adresser un mot à personne, Heq rentra dans la tente. Il laissa la couverture de peau retomber devant l'entrée et, peu après, le bruit de sa voix parvint aux femmes. Il chantait un des refrains magiques qu'Orulo lui avait donnés, un chant de grande force parce qu'il n'était que rarement utilisé.

La voix de Heq se fit plus puissante et Shanuq commença à se balancer d'avant en arrière. Puis ils entendirent le tambour, le grand tambour dont le cognement était comme celui du cœur d'un géant, et lorsque la voix de Heq reprit, c'était celle d'un autre, celle de l'esprit-assistant qui s'exprimait par le hurlement de colère de l'ours. On était en plein jour, mais ce fut comme si l'obscurité tombait, car ce qui sortait de la tente venait aussi des pays de l'obscurité, de l'intérieur de la terre, où seuls les esprits et les morts circulent. Les femmes savaient que Heq était parti, qu'il ne se trouvait plus dans la tente. Son âme s'était unie avec les immortels et il voyait et entendait tout ce qui était invisible et inaudible pour les autres. Il était parti en voyage vers le pilier du nord pour reconnaître le chemin et se trouvait dans des pays où aucun Inuit n'était jamais allé. Lorsqu'il reviendrait, il informerait peut-être ses compagnons sur certaines choses. Peut-être pas. Car il existe des choses que les hommes ne doivent pas savoir.

Le roulement du tambour se fondit en un vacarme de tonnerre, comme lorsque les glaciers se rompent. De la tente se déversaient des cris d'oiseaux, des aboiements de renards et tout le temps, le grondement de l'ours. Taq commença à pleurer et les femmes regardèrent la tente avec effroi. Tewee-soo tournait le dos à Shanuq. Elle balançait le torse d'avant en arrière et de sa bouche se déversaient des mots que ni Simutaq ni Shanuq ne comprenaient.

Soudain le silence se fit. Et ce silence était plus terrible que le vacarme. Car le silence pouvait présager le mal comme le bien. Alors la couverture d'entrée s'ouvrit et Heq sortit. Il était nu à part la courroie de l'amulette qui formait une croix sur sa poitrine, les *kamik* et le petit *natit* qui cachait son sexe. Son regard était vide et il était clair que son âme n'était pas encore revenue. A longs pas rapides, il quitta le campement vers l'est. Elles le virent disparaître dans la montagne et ce n'est que lorsqu'il fut hors de vue qu'elles se remirent à parler.

Heq continua à marcher vers l'est. Il ne ressentait ni froid ni chaleur et marcha si longtemps que le soleil alla de l'ouest au nord, et du nord à l'est. Pendant tout ce temps, le chant magique résonna dans sa tête. Ce n'était plus le chant qu'Orulo lui avait offert, mais un chant nouveau, entièrement à lui. Un chant infiniment fort, sentait-il, car même s'il gravissait presque en courant la montagne, ses poumons ne s'essoufflaient pas et ses jambes ne se fatiguaient pas.

De l'autre côté, il arriva sur l'inlandsis bleuté et vit un petit sommet qui se dressait comme une île sur la glace. Et ce n'est que lorsqu'il atteignit ce *nunatak** qu'il fit halte. Au-dessous de lui la glace s'étendait, léchant une plaine recouverte de neige qui ondoyait sous le vent comme une peau sans poil. A l'est, un détroit gelé menait vers un mur de montagnes noires et au sud s'élargissait une mer infinie. Au-dessus des terres à l'est, juste sous le ciel, se dessinait comme un dos de glace, coloré de rose par le soleil, et d'une hauteur que Heq n'aurait jamais crue possible. L'inlandsis était si étendu qu'un instant il crut qu'il le voyait au cours d'un voyage de l'âme.

Soudain des gerbes de lumière rouge et jaune percèrent à travers une faille dans les montagnes noires, éclairant le pays à l'est. C'était si beau que Heq en oublia sa terreur de la glace. Jamais il n'avait rien vu d'aussi splendide. C'était le pays des hommes, un prolongement du pays que ses frères de race avaient toujours possédé. C'était son pays, le pays de tous les Inuit.

Le soleil se déplaça lentement au-dessus du dos de glace au ras des nuages et des filets de lumière arc-en-ciel tombèrent sur l'avant-pays. Celui-ci brillait d'or brun comme la peau d'un nouveau-né et Heq vit que la bande de terre au pied des montagnes était large à certains endroits et que les montagnes n'étaient pas noires, mais couvertes de végétation jusqu'à une certaine hauteur.

C'était un bon pays, abrité des grands vents qui souffleraient de la glace en hiver et où le soleil du soir serait comme un présage des hommes venant de l'ouest. Là-bas, pensa-t-il, lorsqu'on regarderait le coucher du jour, on verrait en même temps la terre des ancêtres. Et on se souviendrait de l'héritage reçu en cadeau, on s'en souviendrait et on le transmettrait aux nouvelles générations.

Heq s'accroupit et fixa le pays de l'autre côté du détroit. Il pensa aux forces noires et blanches qui régnaient dans l'univers comme dans l'homme. La force blanche émanait du soleil et se trouvait sur le côté sud-est de l'univers. Là vivaient tous les êtres qui voulaient du bien aux hommes. De là venaient en été les caribous sauvages, les baleines, les morses et les innombrables oiseaux de mer.

La force sombre au contraire venait de la lune et du côté nord-ouest de l'univers. Elle tuait tout ce qui était vivant avec sa froidure et son obscurité. Là, quelque part sous la terre, vivaient toutes les créatures mauvaises et dangereuses, et, si on voulait être bien avec elles, il fallait déposer ses offrandes à même la terre et tourner le visage vers le nord-ouest. Heq sentait en lui à la fois le blanc et le noir, mais il sentait aussi qu'un équilibre lui était venu avec le savoir qu'il avait acquis comme chaman.

Il suivit attentivement les changements de lumière au-dessus du détroit, jetant de temps à autre un coup d'œil vers le sud, comme s'il attendait quelque chose de particulier de ce côté-là.

Il y demeura toute la journée. Ce n'est que lorsque le soleil se tint au-dessus du vieux pays, de la toundra et de la mer qu'ils avaient quittés, que lui fut confirmé ce qu'il avait vu lors de son voyage de l'âme dans la tente.

Au-dessus de la large partie sud du détroit, entre le ciel lilas et une mer blanc-bleu, apparut le reflet d'une basse montagne brune au sommet coupé et dont les versants se détachaient clairement contre le ciel aux lueurs mates. La montagne vibrait, comme dans une brume de chaleur, et sa couleur changeait du brun à l'ocre et au rouge, pour finir presque noire.

Jamais Heq n'avait vu semblable montagne et pourtant c'était comme s'il la connaissait depuis toujours. Il l'appela Umạnaq* et sentit au fond de son cœur, d'où vient toute compréhension, que ce serait à son pied que se terminerait son voyage.

LA TEMPÊTE

13

Premier jour.

Les tempêtes du nord apportaient rarement de la neige. Mais elles soufflaient si fort que la couche de neige au sol se dressait en un mur blanc et compact, dissimulant complètement Umanaq et empêchant les gens de circuler. Si, par malheur, on se trouvait en voyage quand une telle tempête éclatait, on ne pouvait sauver sa vie qu'en s'enterrant dans une congère et en y restant jusqu'à ce que l'*inua** du vent du nord se soit calmé. Et encore fallait-il se sentir reconnaissant qu'un jour, il y avait très longtemps, un homme courageux eût brisé la puissance du vent.

Un chasseur de l'intérieur des terres, qui connaissait bien les vents, avait parlé du vent du nord-ouest aux habitants d'Umanaq. Auparavant, ce vent était si fort et si froid que, chaque année, il tuait des hommes. Alors un homme nommé Shiokti avait décidé de voyager vers le nord-ouest pour examiner l'*inua* du vent meurtrier. Après un long voyage, Shiokti vit une personne, sans doute une femme, puisque l'*inua* des vents du nord adopte souvent la silhouette d'une femme. Elle était en train de découper de la neige avec une grande hache en silex et le vent qu'elle levait était si fort et si froid que Shiokti dut s'allonger à terre. Mais il avait beaucoup de patience, et à la fin il réussit à saisir sa hache et à la détruire, ce qui eut pour effet d'affaiblir à l'avenir le vent du nord-ouest.

Lors de telles tempêtes, les gens restaient à l'intérieur des maisons. Et pendant ces longues journées oisives, ils mangeaient souvent et parlaient beaucoup.

Il arriva ainsi qu'un hiver, où la tempête maintenait les gens dans les maisons, Pukiq se mit à parler à ses enfants de la femme qui avait été leur grand-mère, mais dont ils ne se souvenaient pas. Il y avait d'autres personnes dans la maison qui écoutèrent avec plaisir son récit. Assise sur la couche, les jambes tendues devant elle, Pukiq était en train de coudre des sous-vêtements en peau de pingouin pour Inuttiaq. Ses trois enfants étaient serrés contre elle et le plus jeune, qui n'avait que quatre ans, suçait de temps en temps son sein, plus par habitude que par faim. Voici ce que dit Pukiq :

— Je vais vous parler de ma mère, Shanuq, parce que je souhaite que vous conserviez son histoire. Elle était déjà vieille quand nous sommes arrivés dans ce pays mais elle était quand même la plus active quand il s'agissait de découper de la viande sur la plage ou de travailler dans la maison.

Elle montra du doigt sa poche de couture et sa fille aînée la lui tendit. Après avoir trouvé un tendon d'une épaisseur appropriée, elle enfila son aiguille et poursuivit :

— *Anana** avait beaucoup vécu et je vous ai souvent parlé d'elle. Elle avait eu une vie riche et à la fin, se sentant fatiguée, elle désira la mort. C'était l'année où Taq avait attrapé son premier phoque.

Elle regarda son neveu qui découpait des lignes de pêche dans une grande peau de phoque barbu que tenait un des fils de Simutaq. Il hocha la tête et sourit à ce souvenir.

— Ah, ce fut un grand jour. Et tout particulièrement, bien sûr, pour Heq, le père de Taq, le plus grand chasseur qui ait jamais vécu. Je le sais parce que, ce jour-là, il me parla de sa joie. C'était comme si sa vie s'accomplissait, comme si la première capture de Taq concluait quelque chose. Heq pensait que la vie qui lui restait à vivre serait sans soucis. Et c'est pourquoi il fit célébrer une grande fête et pria sa femme Tewee-soo d'en être l'hôtesse. Celle-ci se sentit si heureuse qu'elle prononça un mot de la langue des Hommes-Chiens dont on ne se souvient plus.

— Potlatch, souffla Tewee-soo.

— C'est sûrement ça.

Pukiq hocha la tête.

— Tu étais si heureuse que tu en avais complètement oublié la langue des hommes.

Elle laissa reposer sa couture sur ses genoux et regarda pensivement devant elle.

— Ce fut une grande fête, car tous les gens de l'habitat étaient invités. La fête pour le premier phoque de Taq. Plus tard, il y eut d'autres fêtes : la fête pour son premier ours, celle pour son premier morse et celle pour son premier renard. Il y avait une fête pour le premier de tout. Mais aucune fête ne fut comme celle du phoque. Au cours des préparatifs, on prit beaucoup de viande sur les étendoirs et dans les dépôts. Il y avait de la viande de presque tous les animaux connus, et beaucoup de monde. En effet, les gens du vieux pays avaient commencé à venir à Umanaq. A l'époque où la fête dont je parle fut célébrée, ce pays était aussi peuplé que le pays près de Nunaqtyak où je suis née. La seule différence était qu'ici venaient des hommes de tous les pays. Mais ils avaient les mêmes coutumes, la même langue et la même joie de vivre, et c'est pourquoi ils pouvaient vivre en paix.

Elle reprit son travail de couture.

— Il arrivait bien sûr que des immigrants ne restent qu'un hiver ou deux, pour ensuite retourner d'où ils venaient. Surtout les hommes du peuple de l'intérieur des terres, qui avaient peur des grandes montagnes et craignaient l'inlandsis et ses esprits. Et il y en avait d'autres qui restaient au nord, près du passage, et d'autres encore qui descendaient vers le sud pour trouver des terrains de chasse là où personne n'était allé auparavant. Vous connaissez la plupart de ces hommes, puisque ce sont ceux à qui nous rendons visite chaque année pendant la saison sombre.

Pukiq aperçut un pou dans les cheveux de son jeune fils. Elle l'attrapa, le brisa entre ses ongles et le lui fourra dans la bouche.

— Lorsque, il y a bien des années de cela, nous sommes arrivés ici, nous avons franchi la glace de la partie la plus étroite du détroit. Bien plus au nord que les poches d'eau ouvertes. Et les premiers hivers, nous les avons passés dans un endroit que Heq a appelé Qaerssormiit*, parce qu'il s'y trouvait de grands rochers plats où on pouvait sécher la viande. Là, on avait construit trois maisons d'hiver, qui plus tard furent reprises par d'autres. Car Heq avait déjà la nostalgie d'Umanaq, qu'il avait vu d'abord lors d'un voyage de l'âme, et ensuite comme une vision sur le ciel.

« Pendant les deux hivers à Qaerssormiit, mon frère aîné explora le pays. Il partit si loin au nord qu'il rencontra un peuple appelé Tunit et si loin au sud qu'il aperçut sur la mer un drôle d'*umiaq*. C'était un bateau d'une taille inconnue avec une longue perche dressée au centre. Sur la perche était fixée une peau carrée, venant d'une bête que nous ne connaissons pas ici. Il y avait des esprits à bord de ce bateau, des esprits pour lesquels Heq ne sut trouver aucune explication parce qu'ils étaient différents de ceux avec lesquels il avait été en relation auparavant. Cet *umiaq* naviguait vers le sud et jamais plus personne ne le vit. Heq ne fut pas le seul à le voir, mon pourvoyeur et Taq, le fils de Heq, le virent aussi.

Inuttiaq, qui était en train de nettoyer ses doigts de la viande et du sang avec un couteau en silex, dit :

— C'est vrai, nous l'avons vu. Le bateau était de la longueur de trois ou quatre *umiaq* et la perche faisait au moins la moitié de la longueur du bateau. Il y avait des rames des deux côtés, et il y en avait tant que nous ne pouvions pas les compter. Les esprits que nous avons vus étaient vêtus de peaux inconnues de nous et ils avaient tellement de cheveux sur le visage qu'on ne voyait que leurs yeux. Nous eûmes très peur qu'ils nous aperçoivent et nous nous cachâmes dans la montagne, où nous restâmes plusieurs jours pour être sûrs qu'ils ne reviendraient pas. Heq fit un voyage de l'âme pour découvrir qui étaient ces esprits, mais il n'apprit rien. Il nous dit cependant que l'esprit-assistant lui avait laissé comprendre que c'étaient des esprits malfaisants qui ne présageaient rien de bon pour les hommes.

Il se tut et peu après Pukiq reprit son récit :

— Pendant les préparatifs de la fête, Heq était monté dans les montagnes. Et lorsqu'il revint, les festivités battaient déjà leur plein. Tewee-soo et Simutaq avaient emprunté des casseroles en peau et bois flotté aux voisines et la viande était maintenue au chaud sur cinq grosses lampes. Les gens allaient et venaient, goûtant tous un morceau du phoque qu'avait chassé Taq avant de se jeter sur les autres délices. Taq, lui, ne mangeait pas, et il faut vous en souvenir. Il était assis tout au fond de la couche près du carreau en intestin et regardait timidement par terre, ce qui est très bien élevé.

Elle soupira profondément.

— Oh oui, on pouvait vraiment voir que ce pays regorgeait de tout et que le propriétaire de la maison était un grand chasseur. Il y avait une profusion de viande, et malheur à qui était trop vite rassasié. Il y avait de la viande de phoque barbu, de phoque marbré, de morse et d'ours. Il y avait du *mattaq* à la fois de narval et de dauphin blanc, une casserole avec des oiseaux, oies cendrées, mouettes, petits et grands pingouins, guillemots, plongeons et eiders. Et dans une autre casserole on faisait bouillir les animaux de terre dans de l'eau douce : du caribou, du bœuf musqué, du lièvre et du renard. Et puis il y avait une casserole avec du sébaste, de la morue, du saumon, du flétan et du chabot ainsi que des plats de moules, d'escargots de mer, de crevettes et d'algues marines.

Elle ferma les yeux comme pour revoir toutes ces merveilles énumérées.

— Une fois la première faim rassasiée, Inuttiaq offrit un phoque à capuchon entier, qu'on traîna jusqu'au milieu de la pièce et qu'on découpa en morceaux. Putukuq, qui venait de s'installer dans l'habitat, fit chercher trois sacs de mergules nains pourris, de guillemots, de macareux et d'autres oiseaux qui flottaient dans une délicieuse graisse jaune. Ce fut vraiment une fête inoubliable.

« Shanuq était certainement la plus heureuse des participantes. Elle aussi sentait que sa vie s'accomplissait avec la première chasse de Taq. Son premier animal tué montrait clairement qu'il avait une relation heureuse avec Sedna, puisqu'elle lui avait laissé attraper un beau phoque moucheté, ce qui est exceptionnel pour une première chasse. Cela signifiait qu'il continuerait, encore et encore, à attraper le même phoque. Et vous savez qu'aujourd'hui Taq est celui qui ramène le plus de phoques mouchetés.

« Oui, Shanuq avait bien des raisons d'être contente. Elle avait deux fils, tous deux mariés, avec des enfants des deux sexes, ainsi qu'une fille. Je n'avais encore qu'un fils, à ce moment-là, mais depuis c'est comme si les enfants ne se lassaient pas de tomber de mon ventre.

Elle rit.

— Il y a longtemps qu'on a passé une année sans fœtus, et elle se tapa sur le ventre, ce qui montrait clairement qu'un autre enfant était en route.

« Au milieu de la fête, continua-t-elle, Shanuq eut envie de parler. Elle était si excitée qu'elle en oublia tout à fait combien il est peu modeste pour une femme d'attirer l'attention de tout le monde sur elle. Mais comme elle était vieille et insignifiante, personne ne prit mal son oubli. D'abord, elle parla de Taq. Et pendant qu'elle parlait, celui-ci regardait tout le temps son vieux visage ridé, où les tatouages étaient comme des lignes à moitié effacées sur ses joues et son menton.

« "Oh oui, dit-elle, sa première viande est vraiment bonne. Et on se souvient d'une viande semblable que son père avait ramenée sur une tout autre côte. On venait alors de donner la vie à sa fille, un événement qui avait rendu Qumla heureux parce qu'il avait toujours souhaité une fille. En ce temps-là, on était jeune et la sève du corps était puissante. Ah oui, la viande de Taq a bon goût, comme celle qu'avait ramenée son père. Et on souhaiterait pouvoir garder ce goût dans la bouche. Oui, justement, et ce souhait est si fort qu'on sent qu'il sera exaucé."

« Ainsi parla ma mère et je veux que vous vous souveniez de ses mots pour les transmettre plus tard.

« Après avoir parlé, elle se leva et détacha ses cheveux fins, qui étaient attachés sur le haut du crâne comme nous en avons l'habitude. Elle ferma ses yeux, qui étaient devenus presque inutilisables, et commença à fredonner, les lèvres serrées. Le silence se fit parmi les invités. Même les petits enfants cessèrent de gazouiller, ou peut-être était-ce parce qu'on ne les écoutait plus qu'on eut cette impression. Heq prit le grand tambour et le tendit à sa mère. D'abord elle ne le vit pas, mais lorsque le tambour heurta sa hanche, elle le saisit et le tint devant elle. Elle bougeait le haut du corps au rythme de son doux fredonnement, balançait la tête d'un côté à l'autre en faisant battre ses mèches ébouriffées contre ses joues.

Pukiq se tut et posa sa couture.

— C'était un clair soir d'été, dit-elle, le soleil brillait à travers le carreau.

A voix basse, comme si elle se parlait à elle-même, elle poursuivit :

— C'était une lumière si belle et si douce, je me souviens.

Elle sourit aux enfants, serrés contre elle, et éleva la voix :

— Lorsqu'elle commença à frapper le tambour, cela nous fit tous sursauter. Car personne ne savait qu'elle était capable d'en faire sortir des sons et personne d'entre nous n'aurait pensé qu'elle pouvait manier un si lourd tambour. Elle se mit à chanter. Des chants de sa jeunesse qu'elle avait appris de son père Heq, des chants qu'elle avait entendus chez les Indiens, lorsqu'elle vivait comme esclave de Shapokee, et de vieux chants de

Nunaqtyak. Son corps, qui était voûté par les années, retrouva sa souplesse et, lorsqu'elle ouvrit les yeux, ce n'était plus le regard de la vieille femme fatiguée. C'était comme si elle était allée chercher de la force dans les souvenirs d'une longue vie. Shanuq chanta longtemps. Elle transpirait violemment mais continua à chanter. Et les plus âgés se mirent à chanter avec elle, car ces chants étaient des chants très aimés. Soudain, elle cessa de frapper le tambour. Elle se tourna vers Heq. « On ne sait rien de la mort », dit-elle, de façon à ce que nous puissions tous l'entendre. « On ne sait rien du tout. On est devenu quelqu'un de vieux et ignorant, quelqu'un qui ne sait plus rien. Peut-être la mort est-elle comme la vie et ne doit-elle pas être crainte. Peut-être doit-on la craindre justement à cause de ça. On n'en sait rien. Et pour savoir, on souhaite maintenant mourir. Entends-tu mon souhait ? »

« Heq ne lui répondit pas. Il continua à regarder sa mère sans manifester la moindre compréhension. Il l'aimait beaucoup.

« Alors elle s'assit lourdement sur la couche. Une petite femme maigre au regard éteint. Et elle chuchota à Heq, si bas que peu d'entre nous l'entendirent : “Tu n'entends pas ce que je te crie ?”

« Alors Heq hocha la tête et se leva. Il était si grand que le haut de sa tête touchait la branche du faîtage. Il se pencha et souleva sa mère de la couche. Pour sortir de la maison, il utilisa ses genoux comme pieds, parce qu'il souhaitait la porter. Tous les gens en fête le suivirent lorsqu'il marcha à grands pas vers Umanaq. Et ils continuèrent à le suivre lorsqu'il gravit la montagne par le versant nord qui était le plus accessible. Pas un instant il ne lâcha Shanuq, qui était blottie dans ses bras comme un enfant.

Pukiq leva la tête et regarda le plafond. Ils sentirent les coups violents de la tempête comme un tremblement de toute la maison et ils entendirent ses voix hurler à travers les fentes autour du carreau.

— Tout en haut, sur le sommet plat d'Umanaq, Heq

tourna le visage vers le sud-est. Et alors seulement il déposa Shanuq. Elle alla jusqu'au bord et leva les bras, comme elle l'avait toujours fait pour saluer le retour des chasseurs. Je me tenais à côté d'elle, Tyakutyik de l'autre côté et Heq derrière. Puis elle baissa les bras comme si les chasseurs l'avaient aperçue et avaient répondu à son salut. Elle dit par-dessus son épaule : « On souhaite la mort. »

« Alors, Heq posa ses paumes sur son dos. Il raconta ensuite qu'il pouvait sentir ses maigres omoplates bouger sous la peau comme de petits animaux. Shanuq s'appuya sur ses mains et il poussa de toutes ses forces.

« Nous restâmes debout, à regarder la silhouette qui tombait, qui volait vers la côte comme l'ombre d'un oiseau touché. Ainsi mourut Shanuq, exactement comme elle le souhaitait.

Pukiq s'appuya contre les peaux de la couche et prit son jeune fils endormi contre elle. Et on ne parla que peu ce soir-là, les pensées de chacun étant absorbées par ce qui venait d'être raconté.

14

Deuxième jour.

Assise sur la couche, Simutaq contemplait les enfants qui jouaient par terre. C'était le deuxième jour de tempête. Les coups de vent étaient devenus plus violents et plus rapprochés, et elle sentait trembler le sol en pierre sous les rafales et entendait la neige siffler contre le carreau en intestin. La journée avait été bonne puisqu'il y avait de la viande dans la maison et de la graisse pour les lampes, et personne n'avait encore exprimé la moindre impatience à être enfermé. On avait beaucoup mangé, beaucoup dormi et on s'était adonné aux joies de la couche, si étonnamment différentes chaque fois.

Elle était installée avec le dos appuyé contre le grand tas de peaux. Ses cheveux, qu'elle avait lavés et dégraissés dans la bassine d'urine, étaient presque secs, et chaque fois qu'elle bougeait la tête, elle les sentait vivants et légers. Shanuq lui avait appris la propreté, et elle se lavait les cheveux et le corps plus souvent qu'aucune autre.

Cette nuit, pensa-t-elle, elle allait dormir avec Inuttiaq, qui l'avait adoptée avec ses enfants à la mort de Tyakutyik. C'était agréable d'être la femme d'Inuttiaq, même s'il avait peut-être une préférence pour Pukiq, qui était à la fois plus jeune et plus belle. Il avait fallu s'habituer à Inuttiaq, comme autrefois à Tyakutyik. Avec Inuttiaq elle n'était que femme, ce qui parfois pouvait être un peu difficile. Car avec Tyakutyik elle avait été tant de choses à la fois, femme, homme, enfant et mère, tant de choses que parfois elle n'arrivait pas à savoir ce qu'elle était vraiment. Mais cela avait été amusant et elle avait aimé Tyakutyik. Quand elle pensait à lui, elle se sentait devenir lourde à l'intérieur, et elle souhaitait que son histoire soit racontée encore et encore, afin que personne ne l'oublie jamais.

Mais avant qu'elle n'ait eu le temps d'exprimer ce souhait, Taq avait commencé à parler. Il était allongé sur la couche avec sa jeune femme Saawi, et entre eux était couché le plus jeune fils de Simutaq, âgé de quatre ans, dont Inuttiaq était le père. Taq prit le garçon et le souleva au-dessus de sa tête, les bras tendus.

— Hier, Pukiq nous a raconté le voyage de Heq vers le nord. Et elle a raconté la mort de Shanuq. Mais tu t'es endormi avant la fin. Ce soir, je vais vous parler du peuple que Heq a rencontré dans le Nord, et il va vraiment falloir que tu restes éveillé.

Il posa le garçon sur le ventre de Saawi et se redressa un peu pour pouvoir voir les enfants par terre. Le fils de Simutaq appuya sa tête sur ses mains et regarda Taq.

— Lorsque j'avais ton âge, commença Taq, mon père m'a emmené pour un grand voyage. J'étais alors trop petit pour vivre les choses comme les vécurent mon père et Inuttiaq, mais je vais vous raconter ce qui m'a été raconté à moi. Nous étions partis avec deux traîneaux, Heq et moi sur l'un, et Inuttiaq sur l'autre. Comme il n'y avait plus de neige sur le sol, nous avions remonté le grand glacier que vous avez vu au fond du fjord, pour arriver sur l'inlandsis. Beaucoup d'hommes, et surtout ceux de l'intérieur des terres, redoutent cette glace. Mais Heq l'aimait parce que c'était une voie sans obstacles pour les traîneaux. Nous avons voyagé pendant des jours et des jours. La neige était dure et bonne et le soleil restait encore si longtemps sur le ciel que, la nuit, nous pouvions dormir sur les traîneaux sans avoir froid. Nous sommes arrivés si loin au nord que l'inlandsis a pris fin pour laisser place à un pays montagneux. Il y avait là beaucoup de bœufs musqués et des caribous, et, sur les fjords, la glace était déjà si épaisse qu'elle invitait à la chasse sur verglas. Nous avons monté la tente et commencé à explorer le pays.

« Inuttiaq fut le premier à rencontrer le peuple tunit. Une nuit, où il était sorti parce qu'il ne voulait pas perdre trop de temps à dormir dans un pays si nouveau et si excitant, il aperçut une silhouette sur une hauteur audessus du campement. D'abord il fut effrayé, parce que cette créature portait une lourde lance à la main et qu'elle était vêtue d'une fourrure qui descendait jusqu'aux pieds. La fourrure n'avait pas de capuchon, comme les nôtres, mais un col haut qui remontait des deux côtés de la tête.

« Inuttiaq, ne sachant pas si c'était un ami ou un ennemi, considéra qu'il était juste de le tuer. Comme vous le savez, Inuttiaq est un habile tireur à l'arc parce qu'il apporte beaucoup de soin à la fabrication de son arme. Il utilise toujours deux sortes de fanons de baleine, autour desquels il enroule deux épaisseurs de fil de tendon. Et il sait comment maintenir la corde au sec quel que soit le temps, afin qu'elle ne perde pas de sa puissance. Vous avez vu aussi que ses flèches sont toujours bien droites, avec des pointes aiguisées, et munies à l'extrémité de trois plumes. Sa flèche toucha l'étranger à la poitrine et il vit avec soulagement, à la façon dont celui-ci mourut, que ce n'était pas un esprit mais seulement un être humain.

« Mon père et Inuttiaq examinèrent le mort et, lorsqu'ils lui retirèrent ses vêtements, ils virent que c'était un homme. Heq pensa qu'il devait appartenir à ce peuple que les Netsilikmiut appellent Tunit et qui habitait le pays bien avant nous.

« Ce Tuneq était aussi grand que Heq, qui était de ma taille. Ses cheveux étaient noirs comme les nôtres et son corps aussi ressemblait au nôtre. Nous vîmes sur son ventre et sur l'intérieur de ses cuisses de petites blessures, et plus tard nous découvrîmes que c'étaient des brûlures. Je parle là avec la bouche de mon père, parce que moi-même j'étais trop petit pour découvrir quoi que ce soit.

Taq fit une pause, comme s'il avait besoin d'un peu de temps pour réfléchir. Et en effet il est toujours plus difficile d'exprimer ce que les autres ont vécu que ce qu'on a vécu soi-même. Il caressa les cheveux du garçon, dont la tête reposait sur le ventre de Saawi, et continua à les caresser lorsqu'il reprit son récit :

— Quand un Tuneq chasse le phoque sur les trous de respiration, il emporte toujours avec lui une petite lampe à graisse. Comme vous le savez, il faut souvent attendre longtemps avant que le phoque n'arrive, et, si l'on n'est pas habillé comme nous, on a vite très froid. C'est pourquoi les Tunit mettent la petite lampe sous leur longue fourrure, ce qui les réchauffe délicieusement. Mais il peut arriver que, lorsque le phoque apparaît, le chasseur soit pris d'une telle ardeur qu'il renverse la lampe. Et alors le feu prend dans la fourrure, un feu qui peut provoquer de petites brûlures avant qu'il ne parvienne à l'éteindre. C'est de là que venaient les brûlures sur le corps du Tuneq mort.

Il recula un peu sur la couche pour appuyer son dos contre la paroi couverte de peaux.

— Nous avions tué un homme, et nous pouvions donc nous attendre à un meurtre de vengeance. Aussi était-il important d'aller au-devant du groupe auquel il appartenait afin qu'eux ne viennent pas nous surprendre.

« Nous les avons trouvés loin de la mer, au fond d'un fjord profond et étroit. Leurs maisons étaient différentes des nôtres, c'étaient des tentes entourées de hauts remparts de terre. Nous avons été accueillis gentiment et on nous a offert de la viande. Nous sentions que ces gens étaient très craintifs, même s'ils étaient grands et solides et qu'ils auraient facilement pu nous tuer. Leur langue était compréhensible, elle ressemblait assez à la nôtre, et lorsque nous leur avons raconté que nous avions tué un de leurs pourvoyeurs parce que nous ne savions pas si c'était un esprit malfaisant ou un homme, ils se montrèrent très attristés mais n'exprimèrent pas de désir de vengeance. Inuttiaq, qui désirait racheter le meurtre, proposa d'adopter la famille du mort et cela acheva de leur ôter toute contrariété. Et c'est ainsi qu'Inuttiaq eut une nouvelle femme, plus grande que lui et presque aussi forte, mais d'un caractère aimable. Et en plus, une fille de mon âge.

« Nous restâmes chez les Tunit tout l'hiver, jusqu'à ce que le soleil commence à colorer de rouge le ciel du sud. Nous habitions dans un igloo et vivions comme nous en avions l'habitude à Qaerssormiit. Mais nous ne vîmes pas beaucoup les Tunit, car ils hibernaient comme les ours, dormant la plus grande partie de l'hiver.

« Ils n'avaient que de petites lampes réservées à l'éclairage et mangeaient toujours la viande crue et gelée. Leurs couches étaient étroites et ils ne se couchaient pas comme nous, les pieds contre la paroi, mais le long de celle-ci, ce qui devait être désagréable et froid.

« Nous, nous gardions les lampes allumées nuit et jour, comme nous en avons l'habitude puisque nous aimons les maisons chaudes et les vêtements secs. La nouvelle femme d'Inuttiaq fut très étonnée de toute cette prodigalité. Elle avait toujours passé les mois froids allongée sur la couche à côté de son mari, avec sa fille entre les jambes. Et soudain elle avait de la nourriture tous les jours et pouvait circuler dans une maison chaude et éclairée, ce qui devait représenter pour elle une existence à la fois riche et exceptionnelle.

Taq regarda Inuttiaq :

— Parle-nous d'elle, si tu le souhaites, lui proposa-t-il.

Inuttiaq ne se fit pas prier. Il prit une gorgée d'eau du broc et dit :

— C'est vrai que ma femme était grande. Mais quand elle était couchée, on ne sentait pas la différence.

Il rit et essuya de la main quelques gouttes d'eau sur son menton.

— Elle était très belle, même si elle n'était pas bien grasse et qu'elle n'avait pas le moindre tatouage. Elle n'était pas assidue au travail mais pas vraiment paresseuse non plus, c'était comme si elle ne maîtrisait pas les travaux féminins comme le font nos femmes. Quand je la grondais parce que j'avais froid aux pieds, cela la chagrinait, et elle pouvait rester assise toute la nuit à réparer mes *kamik*, mais sans jamais parvenir à les rendre vraiment chauds. Et quand elle travaillait, elle ressentait souvent le besoin d'appuyer sa tête contre quelque chose, peut-être parce qu'elle était habituée à dormir tout l'hiver. Je m'étais beaucoup attaché à elle et je me réjouissais de l'amener à Qaerssormiit pour que Pukiq puisse la connaître et lui apprendre les travaux des femmes. Mais cela ne se passa pas ainsi.

Il se tut et chacun put voir qu'il était envahi de tristesse. Taq reprit la parole :

— Non, cela ne se passa pas ainsi. Car la femme, dont je ne me rappelle pas le nom, mourut au cours du voyage de retour. En effet, le devant du traîneau d'Inuttiaq tomba dans une des failles qu'il y a au bord de l'inlandsis. La plupart des chiens avaient réussi à passer mais ils ne parvinrent pas à dégager les patins. Certains furent tirés en arrière et la femme tuneq glissa par-dessus le museau du traîneau et tomba au fond de la faille. Sa fille se trouvait avec moi sur le traîneau de Heq et c'est pourquoi elle, elle vit encore.

« On réussit en vitesse à ramener les chiens en tirant sur leurs traits. Et lorsqu'on cria, on reçut une réponse. C'était comme si cela venait de loin, très loin au-dessous de nous et comme si la femme souffrait de grandes douleurs. Pour essayer de la remonter, nous attachâmes les traits des chiens bout à bout et lui lançâmes la longue courroie. Mais elle ne parvint pas à l'attraper. Alors Inuttiaq noua la courroie autour de sa poitrine et se fit descendre. Il descendit si bas que tout était noir, et il put entendre plus distinctement sa voix. Elle était coincée dans un ciseau de glace et ses jambes étaient inutilisables. L'un de ses bras avait perdu toute sa force et elle avait un goût de sang dans la bouche. Tout cela, elle le raconta à Inuttiaq qui se trouvait à une bonne distance au-dessus d'elle. Il n'y avait plus rien pour rallonger la courroie et il était donc impossible de l'atteindre. Inuttiaq resta suspendu là. Il lui parla pendant une nuit entière, il chanta pour elle et lui raconta des histoires, qu'il inventait ou que d'autres lui avaient racontées. Le lendemain matin, elle ne lui répondit plus et fut considérée comme morte.

On évita de regarder vers Inuttiaq qui s'était allongé en tournant le dos.

— Nous avons donc continué sans la femme tuneq. Je ne me souviens pas de son visage, mais Heq m'a raconté que Saawi ressemble à sa mère. C'est tout ce que je peux vous raconter sur les Tunit, car je ne connais pas ce peuple, même si je leur ai rendu visite quand j'étais enfant et que je suis marié à une de leurs femmes.

Saawi repoussa la tête de l'enfant et se redressa.

— Peut-être ma mémoire est-elle un peu meilleure que celle de Taq, dit-elle, ou peut-être confond-on ce que d'autres ont raconté sur mon peuple et ce que je crois avoir vécu moi-même. En tout cas, il en est ainsi que les Tunit sont sans le moindre désir d'hostilité. Ils préfèrent s'enfuir que combattre. C'est pourquoi ils ont été chassés de leur pays par les Inuit et c'est pourquoi ils sont toujours en fuite vers des régions encore inhabitées. Comme vous le savez, Taq et moi avons plusieurs fois traversé la grande glace pour aller rendre visite à mes parents. Mais nous ne les avons jamais rencontrés. Nous avons suivi leurs traces jusqu'à l'endroit où le pays s'étend vers l'est et nous avons compris qu'ils avaient traversé les grandes plaines vers des terres que nous ne connaissons pas encore. Peut-être vivent-ils maintenant sur l'arrière de cet immense pays. Peut-être sont-ils tous morts. Mais même si je suis heureuse ici, et même si je suis devenue comme une Inuit, j'ai la nostalgie de mon peuple qui était gentil et paisible. Je me souviens des poupées de pierre et de bois que découpait mon père, avec lesquelles on ne pouvait se lasser de jouer. Elles étaient comme des êtres vivants, car les Tunit sont plus habiles pour créer que les Inuit. Je connais ce peuple au fond de moi, et parfois je me sens devenir lourde à l'intérieur, parce que je ne sais pas où ils se trouvent.

Alors Inuttiaq, qui tournait toujours le dos aux auditeurs, dit :

— Ma fille dit la vérité. Et le meurtre de son père fut puni par la perte de sa mère. Mais malgré cela, ce voyage nous a apporté beaucoup de joie, puisque Pukiq et moi avons ainsi reçu une fille que nous aimons beaucoup.

Il tourna la tête et regarda Saawi avec tendresse. Ils virent que ses yeux avaient rougi. Inuttiaq avait toujours eu les larmes faciles et s'en cachait rarement.

— Nous sommes une grande famille, dit-il, et nous avons un sang d'un fort mélange. Mais tout sang a la même couleur et rien ne se transforme. Nous sommes insignifiants, comme Heq nous l'a toujours dit, nous ne sommes rien. Aucun d'entre nous n'est capable de transformer en obscurité la lumière d'une nuit d'été. Nous ne vivons que parce que les esprits le souhaitent et lorsque nous mourrons, nous irons là où cela a été décidé.

Son regard glissa sur le visage de Saawi. Les tatouages sur son visage étaient neufs et dessinaient de fines lignes noires sur sa jeune peau. Simutaq les avait exécutés en passant sous la peau de ses joues une aiguille avec un fil trempé dans la suie. C'était douloureux, mais nécessaire, et c'était d'ailleurs très beau.

— Personne ne souhaite aller à Noqumiut*. Là-bas, on ne rencontre que des chasseurs paresseux et des femmes sans tatouages. C'est le pays des Têtes Tristes, oui, c'est ainsi que nous l'appelons parce que les gens là-bas ont toujours la tête qui pend. Et ils ont toujours faim, car la seule chose qu'ils sont capables d'attraper, ce sont des papillons, de la même façon que les oiseaux attrapent des insectes. Personne d'entre nous ne désire aller là-bas. C'est pourquoi nous nous efforçons de devenir des chasseurs courageux et c'est pourquoi nous veillons à ce que nos femmes soient tatouées.

Il secoua lentement la tête.

— On a tué le Tuneq. Peut-être était-ce bien. Peut-être

était-ce mal. On ne le sait pas. Mais sa fille, qui est à présent la mienne, a eu Taq comme pourvoyeur, et, quand elle mourra, elle ira à Angerdlartarfik, « l'éternel habitat du joyeux retour ». Ainsi, on peut transformer une mauvaise action en une bonne, et je veux que les petits, comme les grands qui pourraient l'avoir oublié, gardent toujours cela en mémoire.

Ce soir-là on parla beaucoup de Tunit, d'Itqiliit et d'autres peuples connus. Et durant la nuit, Simutaq, qui dormait avec Inuttiaq, détourna ses pensées du chagrin passé vers la joie du présent.

15

Troisième jour.

Le troisième jour, ce fut comme si la tempête faiblissait. Mais ceux qui connaissaient l'*inua* du vent du nord savaient bien qu'à un certain moment il essayait de faire sortir les gens par son silence. En fait, il ne faisait qu'attendre que les inconscients s'éloignent suffisamment des maisons pour pouvoir se jeter sur eux avec toute sa force mortelle. Bien sûr, on avait le temps de chercher de la viande dans les réserves ou d'aller voir comment se portaient les chiens. Mais il ne fallait pas s'aventurer plus loin que là où l'on voyait encore les maisons.

Dans tout l'habitat, la rumeur avait couru que dans la maison d'Inuttiaq on parlait des hommes et des femmes dont il fallait se souvenir. Et comme le besoin de divertissement et de connaissance était grand, on profita du calme de la tempête pour courir en visite. En plus de son impatience d'auditeur, on amenait les enfants, ainsi que de la viande à bouillir. Et très vite, la maison fut bourrée à craquer. On mangeait, on parlait et on attendait avec excitation de savoir qui, ce soir-là, serait le conteur.

Simutaq était en train d'entretenir sa lampe. De temps en temps, elle levait le regard pour voir ce que faisaient les enfants. Les jumeaux étaient allongés sur la couche. Ils étaient adultes maintenant et la quitteraient bientôt. La fille qui suivait les jumeaux jouait avec son jeu de ficelles. C'était une jolie fille, qui serait très courtisée lorsqu'elle serait un peu plus âgée. En regardant son enfant, Simutaq eut une idée soudaine. Elle saisit le bras de sa fille et chuchota :

— On désire raconter quelque chose.

La fillette fit immédiatement passer le chuchotement, et les conversations cessèrent. On regarda Simutaq qui, assise sur le bord de la couche, regardait le sol, gênée par tant d'attention. Elle dit :

— On a parlé hier du voyage de Heq et d'Inuttiaq chez les Tunit, ainsi que de la mort sur la glace d'une certaine femme. Mais ce qui se passait dans l'habitat de Qaerssormiit, pendant que les hommes étaient absents, cela n'a pas été raconté. Car personne n'a envie d'écouter le bavardage d'une femme sur la préparation des peaux ou la surveillance des enfants, sur la cueillette des baies ou sur la pêche au chabot dans la brèche ouverte par les marées. Mais une fois, il y eut vraiment quelque chose à raconter à ceux qui revenaient. Cela arriva quelques années après notre installation ici à Umanaq. Heq et Inuttiaq étaient partis vers le sud pour explorer la grande anse qu'on disait creuser le pays, là en bas, et ils restèrent longtemps absents. Mon époux s'appelait alors Tyakutyik et les enfants les plus âgés s'en souviennent. C'était un homme exceptionnel, puisqu'il avait deux âmes, une âme d'homme et une âme de femme, exactement comme mes jumeaux. Il n'avait pas participé au voyage de Heq, parce que lui et moi avions été désignés pour nous occuper de la famille pendant leur absence.

« Nous chassâmes beaucoup de phoques, mon époux et moi. Car comme je vivais avec un homme divisé en deux, je devais moi aussi me diviser entre le travail d'homme et le travail de femme. A cette époque, je me débrouillais bien en kayak, ce qui était nécessaire puisque Tyakutyik, sujet au vertige du kayak, ne sortait que lorsque la mer était suffisamment agitée pour qu'il lui soit impossible de confondre ciel et mer.

« La glace étant venue tard cette année-là, nous avions attrapé beaucoup de morses, ce qui devait nous faire passer l'hiver facilement.

« A l'époque dont je parle, les gens avaient commencé à arriver du vieux pays. Putukuq et sa famille s'étaient installés près d'Umanaq, et d'autres avec eux. Aussi ce ne fut pas du tout une surprise quand, avec la première glace, nous vîmes arriver des traîneaux étrangers. Nous fûmes nombreux à venir nous rassembler sur le rebord de glace, où terre et mer se rencontrent, pour souhaiter la bienvenue aux étrangers.

« Lorsque je vis qui c'était, je fus prise de peur. Car aucun d'entre nous n'aurait jamais imaginé que Nilaq, le frère aîné d'Attunga, viendrait un jour accomplir la vengeance du sang. Vous vous souvenez qu'on vous a raconté que Heq avait tué un homme nommé Attunga, parce que celui-ci avait tué mon premier mari Orulo et m'avait prise comme femme. Non seulement Attunga fut tué, mais aussi son jeune frère, sa femme, ses enfants et tous les autres de sa famille, mis à part son frère aîné qui avait réussi à s'enfuir. Et maintenant, ce frère venait à Umanaq pour se venger. Il était suivi par deux traîneaux, et les hommes sur les traîneaux étaient les frères de sa nouvelle femme.

« Nilaq franchit d'un trait le rebord de glace et monta jusqu'aux maisons, en faisant semblant de ne pas pouvoir arrêter ses chiens. Il descendit du traîneau entre la maison de Heq et celle de Putukuq, et commença à démêler ses traits comme s'il avait l'intention d'attacher les chiens pour la nuit. Tyakutyik, qui était aimable avec tout le monde, alla vers lui et l'invita à manger de la viande. Comme j'avais remarqué que ses deux beaux-frères étaient restés sur la glace, je me mis à courir vers la maison. Mais Tyakutyik était déjà mort. Il avait laissé Nilaq entrer le premier par le bas couloir, par politesse, et, quand il l'avait suivi, Nilaq s'était retourné et l'avait frappé avec son couteau à la nuque.

« Juste au moment où j'arrivais à la maison, Nilaq apparut. Il tenait le couteau sanglant à la main et, lorsqu'il m'aperçut, il cria : “Toi, qui étais la femme de mon frère, tu m'appartiens maintenant.” Il me saisit lorsque je voulus entrer dans la maison et me frappa l'épaule avec le couteau encore mouillé du sang de Tyakutyik.

Simutaq se tourna un peu de côté et montra aux auditeurs une cicatrice gonflée.

— Avant que je ne réalise quoi que ce soit, il m'avait jetée sur le traîneau et avait lancé les chiens. Il se coucha sur moi pour me maintenir, mais quand nous franchîmes le rebord de glace à toute vitesse, le traîneau décolla et le souleva lui aussi, me permettant de me laisser rouler à terre.

« Ses beaux-frères essayèrent de m'attraper, mais j'étais trop rapide pour eux. Et lorsqu'ils virent que Putukuq et les autres hommes étaient en train de les encercler, ils hésitèrent à me courir après. Nilaq s'était arrêté et leur criait de me tuer avec leurs flèches. Ils en envoyèrent pas mal, mais ils étaient mauvais tireurs et seules deux d'entre elles me touchèrent. L'une sur le côté du cou et l'autre à peu près dans la blessure que m'avait faite Nilaq, où la flèche ne pouvait plus faire de mal. En voyant que le combat serait inégal, ils s'enfuirent.

Simutaq prit la petite fille et la serra contre son corps.

— Oh oui, dit-elle doucement, on parle beaucoup de meurtres. Mais c'est comme ça. Peut-être serions-nous plus heureux si nous avions la même nature que les Tunit. Mais nous sommes des Inuit et, à cause de cela, nous sommes possédés par une envie de vengeance, que seuls peu d'entre nous arrivent à dominer. Lorsque je vis Tyakutyik mort, je fus prise de chagrin mais aussi d'envie de meurtre.

Elle posa son visage contre le cou chaud de l'enfant et dit, presque imperceptiblement :

— C'est pourquoi on a accompli le meurtre de vengeance.

Comme elle restait longtemps silencieuse, Putukuq, qui se trouvait également dans la maison, prit la parole :

— Elle est modeste et ne parle pas volontiers du voyage qu'elle fit pour retrouver Nilaq. Mais je vais raconter ce que j'ai appris par des hommes du vieux pays et ce que Simutaq a raconté à ma femme, qui est morte maintenant.

Tous les regards se tournèrent vers Putukuq qui, réjoui, cligna de ses petits yeux et essaya de rendre sa voix rauque aussi nette que possible.

— Simutaq était aussi habile pour mener un équipage de chiens que pour chasser. Et nous l'aimions comme femme et la reconnaissions comme camarade de chasse. Nous avons enseveli Tyakutyik et mis dans sa tombe des vêtements d'homme et de femme, sa trousse de couture ainsi que ses armes. Après l'enterrement, Simutaq échangea ses habits contre de nouveaux et se mit en route. Nous fûmes plusieurs hommes à lui proposer notre compagnie, mais elle souhaitait être seule.

Il dégagea sa gorge d'un peu de glaire gênante et poursuivit :

— Il m'a été raconté qu'elle voyagea pendant deux lunes avant de trouver le meurtrier. Et on dit que celui-ci et ses beaux-frères avaient construit un igloo sur un cap, autour duquel le courant côtier était si fort que l'eau restait libre de glace toute l'année. En s'approchant, elle put voir de la lumière dans le carreau d'eau douce et, en reconnaissant les chiens couchés près de la maison, elle sut qu'elle avait trouvé ce qu'elle cherchait. Elle s'avança jusqu'à la maison, pénétra à moitié dans le couloir et cria : « Il est arrivé ceci qu'une femme souhaite tuer Nilaq. »

« De l'intérieur de l'igloo, un grand rire lui répondit. Car Nilaq et les frères trouvaient comique d'entendre une femme prononcer ce genre de menace. Ils l'invitèrent à entrer et promirent de ne pas la tuer. Et Simutaq entra dans la maison, qui était très petite et contenait avec peine tant de personnes. Les deux frères et Nilaq étaient allongés sur la couche et seul un des frères portait des sous-vêtements. Ils parlèrent un peu avec la femme, qui avait voyagé si loin, lui donnèrent de la viande de caribou et lui offrirent une place sur la couche. Simutaq mangea la viande et se coucha près d'eux. L'un des beaux-frères eut envie d'elle et elle ne s'y opposa pas. Le lendemain, l'autre frère la prit et là non plus elle ne résista pas. Ce ne fut que lorsque Nilaq la désira qu'elle dit non. Cela le mit en colère, car il ne se considérait pas inférieur à ses beaux-frères, et il la frappa sur l'oreille avec son couteau à neige. Simutaq reçut le coup et fit comme si cela l'avait rendue docile. Cette nuit-là, elle se coucha auprès de lui et lui laissa faire ce qu'il voulait. Le lendemain, se sentant fatigué, il continua à dormir.

« L'un des frères partit à la chasse au caribou, qui abondait sur le cap, et l'autre passa son temps à manger, puis à coucher avec Simutaq à nouveau. Elle fit semblant d'avoir une préférence pour lui, ce qui le mit en confiance. Le jeu épuisant le fatigua lui aussi et il s'endormit. Simutaq tua d'abord le beau-frère. Elle le frappa sous l'aisselle avec le couteau de Nilaq et il mourut immédiatement. Puis elle tua Nilaq qui dormait couché sur le ventre. Elle frappa sous l'omoplate gauche et il mourut sur le coup. Ceci accompli, elle traîna Nilaq hors de l'igloo et le découpa en morceaux avec le couteau. Elle jeta un des morceaux dans la mer et mit le reste sur le traîneau pour pouvoir jeter les autres en route. Ainsi son esprit malfaisant ne la poursuivrait-il pas, puisque, son corps étant dispersé à tous les vents, il ne pourrait plus se rassembler. Elle arriva à Umanaq peu après le retour de Heq et d'Inuttiaq et, selon le souhait de Heq, Inuttiaq la prit comme épouse, en plus de Pukiq.

— Mais que devint le troisième homme ? Celui qui était à la chasse au caribou ? demanda un des jeunes chasseurs.

Il connaissait déjà l'histoire, mais ne souhaitait pas qu'elle soit écourtée, à cause de ses enfants.

— L'autre beau-frère, on le retrouva mort sur la piste, murmura Simutaq. On ne sait pas quelle fut sa mort.

Inuttiaq regarda celui qui avait posé la question.

— Heq l'a tué, dit-il. Nous étions arrivés à Umanaq avant Simutaq, et quand Heq apprit la mort de son frère, il fabriqua un *tupilaq* qu'il envoya pour accomplir les meurtres. Celui-ci tua en premier le chasseur de caribous, et ensuite il s'aperçut que Nilaq et son autre beau-frère avaient déjà été tués par Simutaq.

Il rit.

— On a ainsi acquis une femme délicieuse mais aussi un tas de chiens. En effet, la plupart des chiens des meurtriers avaient suivi Simutaq jusqu'ici.

On parla beaucoup cette nuit-là, car bien des gens avaient des questions brûlantes dans la bouche. Simutaq fut l'objet de beaucoup d'attention, et même si elle était restée modeste dans ses mots, on apprit par le récit de Putukuq beaucoup de détails qui valaient la peine d'être mémorisés et pourraient rallonger l'histoire, le jour où on aurait soi-même à la raconter. Putukuq trouva dans sa tête un chant, qui de fait y était prêt depuis très longtemps.

Elle vint avec le vent
*elle vint avec kianngat**
iyai-ya-ya
la joyeuse nouvelle
tourbillonnant comme neige
au-dessus du détroit
on sentit son haleine chaude
lorsqu'elle nous chuchota
l'homme double a été vengé
iyai-ya-ya
parce que la femme
a couché avec trois hommes
ils sont tous morts.
D'abord l'un, puis l'autre, puis le troisième.
Elle a tué
alors que déjà dans son corps
brûlait la vie des trois hommes
Aaaaah.

Ce chant fit beaucoup rire. Car il faisait allusion à l'enfant que Simutaq tenait dans ses bras, et qu'elle aimait énormément.

16

Quatrième jour.

Aucun des nombreux invités n'avait particulièrement envie de rentrer et personne ne le leur demanda, même si la tempête s'était un peu calmée et qu'il aurait été possible de quitter la maison sans danger de se perdre. Les nuages sombres et déchirés défilaient sur le ciel et la lune brillait par éclairs à travers le carreau en intestin, effrayant les jeunes enfants. Dehors, la neige n'était plus soulevée par les rafales et les chiens commençaient peu à peu à se dégager des congères qui s'étaient formées au-dessus d'eux.

Il faisait chaud dans la maison, et la chaleur assoupissait. La plupart des enfants et beaucoup d'adultes dormaient, soit par terre soit sur les couches, et pour renouveler l'air, on avait retiré la peau d'eider qui bouchait le trou de ventilation et repoussé la peau tendue devant le couloir.

Tewee-soo avait dormi, et, lorsqu'elle se réveilla, elle était tout emplie d'un rêve. Un rêve si fort qu'elle sentit le désir de le transmettre aux autres. Elle s'assit et commença à parler, à voix si basse qu'on ne pouvait s'empêcher d'écouter. Peu à peu, ceux qui dormaient se réveillèrent, et il n'y en eut pas beaucoup pour manquer son récit.

— Dans mon peuple, commença-t-elle, il est inhabituel qu'une femme prenne la parole. Chez nous, seuls les hommes parlent, parce qu'on considère qu'une pauvre femme n'a rien à dire d'intéressant. Mais ici, parmi les Inuit, une femme peut parler si elle le souhaite et, en observant le visage des auditeurs, elle peut savoir si elle doit s'arrêter ou continuer. Ce n'est pas le cas chez les Itqiliit, car leurs visages restent immobiles comme des masques sur lesquels on ne peut voir aucune expression.

Elle regarda les nombreux visages tournés vers elle et vit qu'un certain nombre de ses auditeurs lui faisaient des signes encourageants.

— On vient de dormir, continua-t-elle, et lorsqu'on s'est réveillé, on a ramené un rêve de son sommeil. On a rêvé de sa petite fille et cela a réveillé un chagrin qui était resté longtemps au repos. Un chagrin qu'on aimerait partager avec d'autres pour qu'il soit plus facile à porter. Je voudrais vous parler du loup, qui est l'animal qui ressemble le plus à l'homme. Je connais le loup, puisque Manito, qui est le Grand Esprit de mon peuple, s'est montré à moi sous la forme d'un loup blanc lorsque j'étais toute jeune. Les loups sont comme les hommes, eux aussi ils s'entre-tuent, chassent en groupe et ramènent de la viande aux plus âgés et aux faibles. Comme nous, ils tuent les vieux et les malades, non par méchanceté mais par nécessité. Mais peut-être le loup est-il un peu plus sage que l'homme, car si parfois nous mourons de faim, cela n'arrive presque jamais aux loups.

« Comme vous vous en souvenez, ma fille a été enlevée par un loup il y a quelques années. C'était un printemps où elle était allée découper de la glace d'eau douce dans un iceberg qui avait échoué dans la baie. Au début, nous crûmes qu'elle était partie en visite dans une autre maison, mais comme elle ne revenait toujours pas avec la glace dont j'avais besoin, nous commençâmes à la chercher. Nous allâmes d'abord de maison en maison, mais personne ne l'avait vue. Ensuite, les hommes partirent à sa recherche dans la baie et Heq découvrit des taches de sang sur la neige près de la montagne de glace. Et les traces d'un loup. L'enfant avait été traînée vers les montagnes. On ne pouvait pas voir les traces très loin, car il neigeait beaucoup ce jour-là, mais Heq était comme le loup et pouvait trouver ce qu'il voulait, si son désir était assez fort. Ses yeux voyaient plus loin que ceux des autres et il pouvait retrouver son chemin dans un désert blanc, sans horizon, sans rien pour accrocher le regard. Il savait se repérer en écoutant les vents souffler dans la bordure de fourrure de son capuchon ou en identifiant le type de neige sur lequel il marchait. La moindre odeur dans l'air, le moindre bruit pouvait le mener vers ce qu'il cherchait. Car ses yeux et ceux du loup voyaient de la même manière, leurs oreilles entendaient les mêmes choses et ils avaient la même connaissance de l'univers qui les entourait.

« Ce loup était un animal intelligent, Heq le comprit tout de suite. C'était une vieille femelle avec le savoir d'une longue vie. Il savait que c'était une louve parce que là où ma fille avait été tuée, elle avait perdu un poil de la peau autour des mamelles. Elle allait mettre bas et avait donc très faim.

« Amaguk tue l'homme, comme nous nous tuons le loup. Mais il apprend à connaître l'homme avant de le tuer. Pendant longtemps, cette louve avait observé notre famille et, à la fin, elle avait décidé de tuer ma fille, parce que c'était elle qui allait toujours chercher de la glace près de la baie.

Tewee-soo était assise bien droite sur le banc. Son corps était encore beau. Sa peau était lisse comme celle d'une jeune fille et sa longue tresse retombait sur son épaule et sur un de ses seins. Beaucoup d'hommes l'avaient désirée après la mort de Heq, mais c'était comme si le désir de partager sa couche avec un homme l'avait quittée. Elle vivait dans la maison d'Inuttiaq et était entretenue par son fils Taq. Avec les années, elle était devenue plus ronde et plus séduisante. La couche de graisse sous la peau, qui rendait son visage plus large, l'avait empreinte d'une douceur nouvelle. Ses yeux étaient noirs et pleins de vie, et les petites rides fines qui les entouraient lui donnaient une expression souriante.

— Oui, le loup est sage, dit-elle, il sait toujours où se trouve le gibier, sans même l'avoir vu, ni avoir flairé son odeur. C'est comme si les informations sur le gibier lui venaient par les airs, comme si le Grand Esprit lui-même le renseignait. Mon père m'a raconté que les loups connaissent le seigneur des caribous, qui vit dans la maison des caribous près de la montagne blanche. Ce sont les poils de caribou tombés qui donnent à la montagne sa couleur blanche, et il y en a une couche si épaisse qu'elle atteindrait un homme adulte à la poitrine. Le loup connaît aussi le sentier qui mène à cette montagne. Un sentier si creusé par les sabots de caribou, que lorsqu'ils l'empruntent, on ne voit dépasser des petits des caribous que leurs têtes. Tout cela, le loup le connaît pour avoir chassé depuis longtemps près de cette montagne, où les ramures abandonnées forment des murs hauts comme un homme.

D'un geste gracieux que les hommes aimaient beaucoup regarder, Tewee-soo leva les bras et resserra l'attache de sa tresse.

— On a maintenant vécu si longtemps parmi les Inuit, dit-elle, que l'on en oublie presque d'être itqiliit. Et pour cette raison, on mélange tout et on devient comme deux personnes en une. Mais jamais on n'oubliera l'histoire de la montagne blanche et jamais ne s'en ira le souvenir de Manito, qui se transforma en loup et me fit manger de la chair humaine. Aussi, je devrais ressentir de la joie au lieu du chagrin, puisque c'est Manito qui a pris ma fille et l'a emmenée avec lui. Et maintenant, elle est jeune dans le pays des morts, car nous savons tous que plus rien ne change quand on arrive là-bas. Un vieil homme reste vieux et un enfant sera toujours enfant. C'est ainsi.

Elle baissa les bras et posa ses paumes sur ses cuisses.

— Heq retrouva vite la louve même s'il neigeait beaucoup, à gros flocons mouillés. Elle s'était réfugiée dans une grotte de la montagne où elle était en train d'allaiter ses petits. Notre enfant était allongée devant la grotte, morte. La louve n'essaya pas de se lever lorsque Heq s'approcha. Elle coucha les oreilles en arrière et l'observa de ses yeux flamboyants.

« Heq s'agenouilla près de notre fille qu'il aimait beaucoup. Il ressentit un grand chagrin mais aucune colère envers la louve. Elle avait le même droit de tuer que lui. Elle avait tué son enfant comme il aurait tué, lui, s'il avait eu faim. Nous avons tous reçu le droit de vivre et c'est pourquoi nous avons aussi l'envie de tuer. Heq regarda la louve dans les yeux et ces deux-là échangèrent des signaux, les mêmes que ceux qu'échangent les loups avec les caribous ou le grand élan qui vit dans les forêts de mon pays natal. Mais la louve n'était pas prête à mourir, et c'est pourquoi Heq essuya un refus lorsqu'il demanda sa vie. Il la laissa vivre parce qu'il respectait toujours les règles. Ces mêmes règles qui soudain détournent une meute de loups d'une proie sûre, ou leur ordonnent de ne pas tuer un bœuf musqué qui n'est pas prêt à recevoir la mort. Les animaux sont sacrés et la viande est sacrée. Et la louve, tout comme Heq, le savait. Assis auprès de sa fille morte, il sentait que cette louve possédait une grande sagesse et il regardait les louveteaux qui tortillaient leurs petits corps grassouillets contre le ventre de leur mère.

« Pendant longtemps, ils s'observèrent. Puis Heq souleva sa fille dans ses bras et l'emporta vers la glace. Il se retourna plusieurs fois, en poussant le hurlement qu'il poussait sur la toundra pour attirer les louveteaux. Mais la louve blanche resta silencieuse.

« Au cours de l'été qui suivit, Heq retrouva la louve et, cette fois, il la tua. Il ramena les deux louveteaux et ceux-ci s'habituèrent vite aux mamelles des chiens, qui n'étaient pas très différentes de ce à quoi ils étaient habitués.

Tewee-soo sourit, mais ils pouvaient voir à ses yeux que son sourire cachait les larmes. Quelques femmes âgées se firent des signes de tête entendus, car elles aussi portaient un chagrin semblable à celui de Tewee-soo.

— Dans mon pays, dit Tewee-soo, le Grand Esprit s'appelle Manito. Il tenta une fois de transformer tous les animaux en hommes, mais il ne réussit qu'à rendre humains les yeux des loups. Quand Heq tua la louve blanche, il avait vu dans ses yeux qu'elle était prête à mourir. Il n'y a rien de mal à la mort, il faut seulement s'efforcer de bien mourir. Et c'est ce que fit Heq : il était prêt lorsque l'ours noir emporta son âme.

— Parle-nous de Heq et de l'ours noir, demanda un chasseur qui, installé récemment à Umanaq, n'avait encore eu que des bribes de cette histoire.

Tewee-soo hésita.

— Mon rêve ne parlait pas de l'ours, objecta-t-elle. Il ne parlait que de la louve blanche.

Une des vieilles femmes posa une main sur son genou.

— Mais l'histoire de l'ours te remplit aussi de chagrin. Peut-être souhaites-tu le partager avec nous ?

Alors Tewee-soo leur parla de l'ours.

— C'est arrivé ainsi, dit-elle. Un printemps, mon pourvoyeur et moi étions partis sur la mer glacée pour chasser l'ours. Nous avions la compagnie de Taq qui, cet hiver-là, avait pris Saawi comme femme. Ce fut un voyage merveilleux car, même si le soleil brillait, il gelait tellement qu'il n'y avait pas d'eau sur la glace ce qui, comme vous le savez, peut être très gênant pour les chiens. Nous voyageâmes pendant de nombreux jours et nous étions presque arrivés au vieux pays, lorsque nous vîmes les traces d'un ours, assez récentes pour être prises en chasse. C'étaient les traces d'un grand ours et elles menaient droit vers le sud, comme s'il suivait un but bien déterminé. Ce même jour, nous trouvâmes également d'autres traces. Celles d'une ourse avec un petit, né au cours de l'hiver. Taq et Saawi suivirent cette dernière trace, tandis que Heq et moi suivions l'autre.

« Un midi, où le soleil se tenait au sud à hauteur des yeux, nous vîmes l'ours. Nous lâchâmes quelques chiens et, comme l'un d'entre eux était le fils de la louve blanche et déjà un grand chasseur d'ours, ils parvinrent très vite à l'arrêter. Tandis que Heq s'avançait pour aller tuer l'ours, je restai près du traîneau pour retenir les autres chiens.

Elle se tut et se passa plusieurs fois la main sur le front.

— Oh oui, c'était un ours étrange. Il s'était assis et attendait mon pourvoyeur, faisant comme s'il ne remarquait pas les chiens qui jappaient et lui mordaient les flancs. Il était assis tout à fait immobile sur son grand derrière et attendait, les pattes de devant écartées comme pour une étreinte. Heq leva sa lance, sachant qu'il devait frapper à l'instant même où l'ours lui sauterait dessus. Il se campa juste devant lui et le regarda dans les yeux. Je guettais impatiemment le moment où l'ours ferait une sortie, mais il resta simplement assis, immobile, sans gronder ni hurler de colère. Soudain, se tournant rapidement, il tua d'un coup de patte le chien-loup. Cela se passa si vite que j'eus à peine le temps d'enregistrer son mouvement. Alors j'eus peur, car cet ours ne se comportait pas comme les autres ours que j'avais vus. Il avait tué le chien comme nous tuons un moustique énervant. L'autre chien se retira en rampant, la queue entre les jambes.

« L'ours s'était découvert un court instant et pourtant Heq ne le tua pas. Il baissa la lance et ne la leva même pas pour se défendre quand l'ours lui sauta dessus. Il se laissa étreindre par l'ours, sans même essayer de se dégager quand ses dents se plantèrent dans son cou.

« Sans réfléchir, je me mis à courir vers eux. Le soleil éclairait l'ours par-derrière et je vis alors qu'il était tout noir, exactement comme les ours qui vivent dans mon pays. La lance reposait encore sur la glace, je la saisis et, avec une force que je ne savais pas posséder, je l'enfonçai dans le flanc de l'animal, là où la patte avant s'accroche au corps. Sans un son, l'ours s'affala, recouvrant complètement mon pourvoyeur de son grand corps. Je réussis à le repousser et vis que Heq vivait encore. Mais du sang coulait à flots de sa blessure à la gorge et tous les os de sa poitrine étaient brisés. Il souffrait cruellement, à ce que je pouvais voir. Cependant, son regard était le même que toujours lorsqu'il le tourna vers mon visage. Et soudain, il se mit à rire. Il crachait du sang mais continua à rire. Et quand je lui demandai ce qui était drôle, il me répondit : “On a découvert qu’on était prêt, quand l’ours m’a demandé ma vie. Et après, ce qui était plus grand que Heq a été tué par une femme ! C’est pour ça qu’on rit.” Il ferma les yeux et je vis que son âme était en train de le quitter. Puis je l’entendis chuchoter tout doucement : “Est-ce qu’il est noir ? Est-ce que c’était l’ours noir ? Tara Itualuk, Celui qui est sans ombre ?”

« J’ai regardé l’ours, couché à côté de lui. Son poil était blanc-jaune comme l’est le poil des vieux ours. “Oui, mentis-je, il est noir.” Peu après, mon pourvoyeur mourut. Je le tirai jusqu’au traîneau et le recouvris de la peau. Mais lorsque je voulus revenir pour dépecer l’ours, je m’aperçus que l’ours ainsi que le chien qui avait une mère louve avaient disparu. Et je sus alors que je n’avais pas menti sur la couleur de l’ours.

Il régnait un silence de mort dans la maison. Les enfants se serraient contre leurs parents et beaucoup de vieux hochaient doucement la tête.

— C’est ainsi, dit Tewee-soo avec une voix qui n’exprimait ni chagrin ni joie, la mort demande la vie et elle reçoit soit un refus soit un accord. La mort n’est pas tragique. Elle a de la dignité.

Après le récit de Tewee-soo, les gens commencèrent à retourner chez eux. Et, le lendemain, le temps étant clair et calme, on commença à se préparer pour les joyeux voyages de visite aux habitats éloignés.

Lexique

Æja sjama... : ancien chant chamanique asiatique.
Amaguk : loup.
Amaut : vêtement de fourrure à capuchon, spécialement conçu pour le transport d'un enfant.
Amortorroq : esprit-assistant.
Anana : maman.
Angagok (pulik) : chaman (ayant atteint le plus haut grade).
Angakkagjartoq : élève d'un chaman.
Angiut : esprit-assistant. Les Eskimos font la différence entre *ilisiitut* et *angakok. Ilisiitut* est un élève-*angagok* qui n'a pas suffisamment de force pour devenir *angagok*. Il a donc acquis certaines compétences de sorcier, mais la plupart d'entre elles sont maléfiques. L'*angiut* est l'esprit-assistant d'un *ilisiitut*.
Angukusarfît : grotte dans laquelle se trouve un rocher plat sur lequel le futur chaman peut frotter une pierre pour appeler Tornarssuq.
Aperqit : esprit interrogateur, question.
Apsuma Sukanga : le pilier du nord. Selon la croyance eskimo, le monde repose sur des piliers *(nunarjuap sukangit)*. La voûte céleste est également soutenue par des piliers (*avveq* : poutres de toit). Les piliers de la terre et de l'univers se trouvent aux points cardinaux eskimos, à savoir à l'ouest vers la mer, à l'est vers la terre, et sur les lignes de côte nord et sud. Il y a huit piliers, dont quatre portent la terre et quatre le ciel.
Ateq : âme-nom. Ame protectrice qui donne à son porteur la force et la protection de celui qui a porté le nom avant lui. Chez les Inuit, il y a un net dualisme entre l'âme et le corps. L'âme-principe de vie est liée au corps et composée de plusieurs « petites âmes ». Ainsi « l'âme-souffle » lie « l'âme libre », mais cette liaison peut être suspendue par l'*angagok* (chaman) lorsqu'il part en voyage avec les esprits. Cette liaison est également plus souple pendant le sommeil.

Athabascan : grand peuple indien comprenant de nombreuses tribus, comme les Kutchin, les Nellagotinne, les Kawchodinne ou Peau-de-Lièvre, les Dogrib, etc. Les différentes tribus s'attaquaient souvent entre elles.
Aujaksaq : début de l'été.
Aujaq : été.

Chaman : prêtre, sorcier, invocateur d'esprits. Le mot chaman était à l'origine utilisé par les peuples de Sibérie et d'Asie centrale, mais s'utilise aujourd'hui couramment pour les « prêtres » indiens.
Cree : tribu indienne vivant au nord, entre Eastmain River et Churchill.

Dene : mot indien pour peuple (homme).
Desnedeyarelotinne : tribu indienne du peuple athabascan.
Detchen : chercher du bois (athabascan).
Dogrib : tribu indienne du peuple athabascan vivant entre le lac La Martre et le fleuve Mackenzie.

Erinaliuutut : mot magique de grande force. Peut se composer d'un fragment d'ancien chant ou provenir du temps où les animaux parlaient. Les mots magiques sont souvent exprimés dans la langue des esprits *(anersartitut)*, caractérisée par des bruits d'oiseaux ou d'animaux, ou des sons produits par des phénomènes naturels tels que le vent, la rupture des glaces ou le bruit de la glace quand elle se solidifie.
Erisaut : outil pour retirer les poils d'une peau.
Erqungaleq : le croupion d'un oiseau.
Erqungassoq : tous les chamans avaient un *erqungassoq*. Cet esprit-assistant était sans force mais indispensable en raison de son intelligence. C'était toujours le premier à se manifester lors d'une invocation, mais il s'en tirait souvent mal lorsqu'il s'agissait d'un combat contre un ennemi.
Eskimautsik : mot indien signifiant « les mangeurs de viande crue ». Ramené en Europe par les explorateurs français comme « esquimaux », il devint l'appellation courante du peuple inuit. Les Eskimos eux-mêmes ne se dénomment jamais autrement que les Inuit (hommes).
E-then thle : les rennes arrivent (athabascan).

Hali-gali : tambour indien.
Hommes-Chiens : nom donné par les Inuit aux Indiens, et qui date peut-être des guerres entre Inuit et Indiens du Canada.

Les Indiens avaient coutume de se cacher sous une peau de loup lorsqu'ils attaquaient.

Iglerk : couche fabriquée avec de la neige (plate-forme servant de lit).
Ilisiitut : sorcier (souvent malfaisant).
Inua : le monde visible est dominé de façon suprasensible par des « propriétaires » ou maîtres. Ceux-ci sont appelés *inua.* Tout peut être attribué à un *inua.* L'âme de l'homme est l'*inua* de son corps, tant qu'il vit.
Inuit : les hommes. *Inuit Nunaat* : le pays des hommes.
Inukshuks : qui ressemble à l'homme. Alignement de cairns à silhouette humaine qui, en effrayant les animaux, devait les mener vers les lacs ou les fleuves où on les tuait.
Inuk uvanga : je suis homme.
Isortoq : l'endroit à l'eau sale.
Itqiliit : nom donné aux Indiens par les Inuit. Signifie « les mangeurs de poux », ce qui fait allusion aux cheveux longs et souvent infestés de poux des Indiens.

Kamik : botte eskimo en peau de phoque. Souvent avec une chaussette en peau de chien ou de lièvre.
Kawchodinne : Indiens Peau-de-Lièvre, du peuple athabascan, vivant des deux côtés du fleuve Mackenzie (actuels Territoires du Nord-Ouest, Canada).
Kianngat : les vents du sud.
Kiliwak : mammouth.
Kujeq : morceau pris dans le flanc (du phoque par exemple).
Kutchin : homme.

Labret : bijou en os ornant les lèvres.

Manito : le grand esprit des Indiens.
Mattaq : peau de narval ou de dauphin blanc (bélouga). Très apprécié des Inuit, le *mattaq* est coriace mais délicieux, avec un léger goût de noisettes mûres (en plus, un trésor de vitamines, qui prémunit contre la maladie et remplace les plantes introuvables).

Nahani : tribu indienne du peuple athabascan.
Natit : culottes d'intérieur, qui ne sont en réalité qu'un mini-vêtement couvrant juste les parties sexuelles.

Nellagotinne : tribu indienne du peuple athabascan (tinne = homme).
Netsilikmiut : Inuit du Phoque (Arctique central).
Noqumiut : le pays des Têtes Tristes, où vont après la mort les mauvais chasseurs et les femmes sans tatouages.
Nuam-Shua : le maître du pouvoir.
Nugarssungmiut : ceux qui habitent sur le cap.
Nunaqtyak : le petit endroit.
Nunatak : sommet de montagne dépassant de l'inlandsis.

Pikna : celui là-haut, intelligence, temps, univers.
Potlatch : mot indien pour fête.

Qaerssormiit : l'endroit avec les rochers (pour le séchage de la viande). Il y a beaucoup d'endroits de ce nom en Arctique, et l'orthographe peut différer légèrement.
Qarrtsiluni : période où on attend que quelque chose éclate.
Qimarhat : l'endroit qu'on fuit.

Riumata : celui qui pense.

Saugssat (ou *savssat*) : massacre de baleines. Baleines, dauphins ou phoques qui se trouvent emprisonnés dans une poche d'eau. Peut aussi s'utiliser pour des oiseaux de mer ou des saumons, repoussés dans un endroit où on peut facilement les tuer.
Sedna : la mère de la mer.
Setzoniaze : mon amour (athabascan).
Sila : le maître du temps ou l'esprit de l'air.
Silarssuaq : atmosphère, intelligence, maître du pouvoir.

Taaq-taaq : obscurité, obscurité.
Taq : homme.
Tara Itualuk : celui qui n'a pas d'ombre.
Tatsanotinne : (ou Couteaux Jaunes). Tribu indienne du peuple athabascan, près du fleuve Mackenzie.
Thingchadinne : (ou Flanc-de-Chien). Tribu indienne du peuple athabascan, près du fleuve Mackenzie.
Tornaq : esprit-assistant, donné par Tornarssuq à un aspirant-chaman lorsqu'il a jeûné et appelé longtemps.
Tornarssuq : l'esprit-assistant particulier à chaque chaman.
Tugtuk tikipok : les caribous arrivent.
Tunit (sing. *Tuneq*) : les Tunit, venant de l'est il y a à peu près 5 000 ans, habitèrent les actuels Territoires du Nord-Ouest et

certaines parties du Groenland avant l'arrivée des Eskimos polaires du Canada. C'était un peuple à caractéristiques indiennes, qui mena une existence rude tout au nord du Groenland et le long de la côte est. Ils disparurent quelques centaines d'années après l'arrivée des Eskimos ou s'assimilèrent à eux.

Tupilaq : créature faite de divers objets et rendue vivante de façon magique, dans le but de tuer un ennemi.

Ubloq-ubloq : jour, jour.

Ugjulingmiut : groupe d'Inuit de l'intérieur des terres.

Ukiaq : automne.

Ukioq : hiver.

Ukiuksaq : le début de l'hiver.

Ulo : couteau de femme courbe, en forme de demi-lune.

Umanaq : montagne en forme de cœur.

Umiaq : grand bateau de femme, fait en peau, où ce sont les femmes qui rament.

Usuk : mot inuit pour pénis.

Utok (chasse à l') : Chasse au phoque sur les trous de respiration.

Uvit : pourvoyeur, homme qui entretient une femme (mari).

Walem Olum : chronique de la migration. Le *Walem Olum* est composé de 183 images stylisées accompagnées de vers, qui ont été transmis oralement de génération en génération. Là est décrite la migration à travers le détroit de Béring lorsqu'il fut à sec : « Les peuples des tribus du Nord et de l'Est décident que ce serait bien de vivre de l'autre côté de l'eau gelée... de chasser le bison et le mammouth. » Cette ancienne chronique fut trouvée chez les Indiens Delaware en 1820.

MIXTE
Papier issu de sources responsables
FSC® C003309

10/18, une marque d'Univers Poche,
est un éditeur qui s'engage pour
la préservation de son environnement
et qui utilise du papier fabriqué à partir
de bois provenant de forêts gérées
de manière responsable.

Cet ouvrage a été imprimé en France par

CPI
BUSSIÈRE

à Saint-Amand-Montrond (Cher)
en février 2012

Dépôt légal : avril 2001.
N° d'édition : 3240. — N° d'impression : 120497.
Nouveau tirage : février 2012.
X 03043/07